最伟大的思想家

主编：张世英　赵敦华

On Rorty

罗 蒂

［美］理查德·鲁玛纳　著

刘清平　译

中华书局

On Rorty, ISBN 981 – 240 – 771 – X

First published in 2000 by Wadsworth, a division of Thomson Learning, U-nited States of America. All Rights Reserved.

Authorized translation of the edition by Thomson Learning. No part of this book may be reproduced in any form without the express written permission of Thomson Learning and Zhong Hua Book Co..

图书在版编目(CIP)数据

罗蒂/(美)鲁玛纳著;刘清平译. – 2 版. —北京:中华书局,2014.1(2015.1 重印)
　(最伟大的思想家)
　ISBN 978 – 7 – 101 – 09786 – 3

　Ⅰ.罗…　Ⅱ.①鲁…②刘…　Ⅲ.罗蒂,R.(1931~2007) – 思想评论 – 通俗读物　Ⅳ.B712.59 – 49

中国版本图书馆 CIP 数据核字(2013)第 251815 号

书　　名	罗　蒂
著　　者	〔美〕理查德·鲁玛纳
译　　者	刘清平
丛 书 名	最伟大的思想家
责任编辑	江绪林　吴稼南
出版发行	中华书局
	（北京市丰台区太平桥西里38 号　100073）
	http://www.zhbc.com.cn
	E-mail:zhbc@ zhbc.com.cn
印　　刷	北京市白帆印务有限公司
版　　次	2003 年7 月北京第1 版
	2014 年1 月北京第2 版
	2015 年1 月北京第3 次印刷
规　　格	开本/880×1230 毫米　1/32
	印张5½　字数102 千字
印　　数	10001 – 13000 册
国际书号	ISBN 978 – 7 – 101 – 09786 – 3
定　　价	20.00 元

罗 蒂

理查德·麦凯·罗蒂
（Richard McKay Rorty），
1931—2007 年，美国新
实用主义哲学家。先后就
读于芝加哥大学和耶鲁大
学，任教于卫斯理学院、
普林斯顿大学、斯坦福大
学等。曾任美国哲学学会
主席。著有《语言学的转
向》《哲学与自然之镜》等。

罗蒂利用欧美分析哲学和欧陆哲学的方法和思想，发展出一套新实
用主义的思路和话语，使实用主义从西方哲学舞台的边缘重返中心位置。
他还擅长以宏观的历史视野向人们显示，新实用主义的信仰对于我们的
行为有什么影响。他努力让哲学回归到"哲学的核心——人之为人，政
治社群中人与国家关系"。

总　序

赵敦华

　　贺麟先生在抗战时期写道："西洋哲学之传播到中国来，实在太晚！中国哲学界缺乏先知先觉人士及早认识西洋哲学的真面目，批评地介绍到中国来，这使得中国的学术文化实在吃亏不小。"[①] 贺麟先生主持的"西洋哲学名著翻译委员会"大力引进西方哲学，解放后商务印书馆出版的《汉译世界学术名著》的"哲学"和"政治学"系列以翻译引进西方哲学名著为主。20 世纪 80 年代以来，三联书店、上海译文出版社、华夏出版社等大力翻译出版现代西方哲学著作，这些译著改变了中国学者对西方哲学知之甚少的局面。但也造成新的问题：西方哲学的译著即使被译

---

① 贺麟：《当代中国哲学》，上海书店，1945 年版，第 26 页。

为汉语，初学者也难以理解，或难以接受。王国维先生当年发现西方哲学中"可爱者不可信，可信者不可爱"，不少读者至今仍有这样体会。比如，有读者在网上说："对于研究者来说，原著和已经成为经典的研究性著作应是最为着力的地方。但哲学也需要普及，这样的哲学普及著作对于像我这样的哲学爱好者和初学者都很有意义，起码可以避免误解，尤其是那种自以为是的误解。只是这样的书还太少，尤其是国内著作。"这些话表达出读者的迫切需求。

为了克服西方哲学的研究和普及之间隔阂，中华书局引进翻译了国际著名教育出版巨头汤姆森学习出版集团（现为圣智学习集团）的"华兹华斯哲学家丛书"（Wadsworth Philosophers）。"华兹华斯"是高等教育教科书的系列丛书，门类齐全，"哲学家丛书"是"人文社会科学类"中"哲学系列"的一种，现已出版 88 本。这套丛书集学术性与普及性于一体，每本书作者都是研究其所论述的哲学家的著名学者，发表过专业性强的学术著作和论文，在为本丛书撰稿时以普及和入门为目的，用概要方式介绍哲学家主要思想，要言不烦，而不泛泛而谈，特点和要点突出，文字简明通俗，同时不失学术性，或评论其是非得失，或介绍哲学界的争议，每本书后还附有该哲学家著作和重要第二手研究著作的书目，供有兴趣读者作继续阅读之用。由于这些优点，这套丛书在国外是不可多得的哲学畅销书，不但是哲学教科书，而且是很多哲学业余爱好者的必读书。

"华兹华斯哲学家丛书"包括耶稣、佛陀等宗教创始人，以及沃斯通克拉夫特、艾茵·兰德等文学家，还包括老子、庄子等中国思想家。中华书局在这套丛书中精选出中国人亟需了解的主要西方哲学家，以及陀思妥耶夫斯基、梭罗和加缪等富有哲理的文学家和思想家，改名为"世界思想家译丛"翻译出版。中华书局一向以出版中国思想文化典籍享誉海内外，这次引进翻译这套西文丛书，具有融会中西思想的意义。现在越来越多的人认识到，在思想文化频繁交流的全球化时代，没有基本的西学知识，也不能真正懂得中华文化传统的精华，读一些西方哲学的书是青年学子的必修课，而且成为各种职业人继续教育的新时尚。中华书局的出版物对弘扬祖国优秀文化传统和引领时代风尚起到积极推动作用，值得赞扬和支持。

张世英先生担任这套译丛的主编，他老当益壮，精神矍铄，认真负责地选译者，审译稿。张先生是我崇敬的前辈，多年聆听他的教导，这次与他的合作，更使我受益良多。这套丛书的各位译者都是学有专攻的知名学者或后起之秀，他们以深厚的学养和翻译经验为基础，翻译信实可靠，保持了原书详明要略、可读性强的特点。

本丛书45册分两辑出版后，得到读者好评。我看到这样一些网评："简明、流畅、通俗、易懂，即使你没有系统学过哲学，也能读懂"；"本书的脉络非常清晰，是一本通俗的入门书籍"；"集文化普及和学术研究为一体"；"要在一百来页中介绍清楚他的整个哲学体系，也只能是一种概述。但对于普通读者来说，这种概述很有意义，简单清晰的描述往往能解决很多阅读原著中出现的误解和迷惑",等等。

这些评论让我感到欣慰,因为我深知哲学的普及读物比专业论著更难写。我在中学学几何时曾总结出这样的学习经验:不要满足于找到一道题的证明,而要找出步骤最少的证明,这才是最难、最有趣的智力训练。想不到学习哲学多年后也有了类似的学习经验:由简入繁易、化繁为简难。单从这一点看,柏拉图学园门楣上的题词"不懂几何者莫入此门"所言不虚。我先后撰写过十几本书,最厚的有 80、90 万字,但影响最大的只是两本 30 余万字的教科书。我主编过七八本书,最厚的有 100 多万字,但影响最大的是这套丛书中多种 10 万字左右的小册子。现在学术界以研究专著为学问,以随笔感想为时尚。我的理想是写学术性、有个性的教科书,用简明的思想、流畅的文字化解西方哲学著作繁琐晦涩的思想,同时保持其细致缜密的辨析和论证。为此,我最近提出了"中国大众的西方哲学"的主张。我自知"中国大众的西方哲学,现在还不是现实,而是一个实践的目标。本人实践的第一步是要用中文把现代西方哲学的一些片段和观点讲得清楚明白"。[①] 欣闻中华书局要修订再版这套译丛,并改名为《最伟大的思想家》,每本书都是讲得清楚明白的思想家的深奥哲理。我相信这

---

① 详见拙文《中国大众的现代西方哲学》,《新华文摘》2013 年第 17 期,第 40 页。

套丛书将更广泛地传播中国大众的西方哲学，使西方哲学
融合在中国当代思想之中。

　　　　　　　　　2013 年 10 月于北京大学蓝旗营

目　录

序

　　当读者拿起一本类似于此书这样的，有关某位特定作者的小册子时，他们究竟想要读到一些什么？他们又能期待一些什么？

　　如果他们从未读过有关这位作者的任何东西（包括这位作者自己写的或是其他人写的），他们通常都会希望读到某种一般性的介绍，看一看人们是怎样谈论这位作者的。如果他们曾经读过有关这位作者的一些东西，他们或许希望读到某种能够把他们自己的见解激发出来的内容，并且听一听某个特定的人对于这位作者到底抱有怎样的看法。如果他们已经读过有关这位作者的许多东西，他们很可能会试图从中寻找某种他们不愿苟同的观念。而如果这位读者碰巧就是这位作者本人，他或她最可能的就是不希望陷入难为情的尴尬境地。

　　对于第一类从未读过有关理查德·罗蒂的任何东西的

读者，我能说的只是：不要对本书抱有太大的期望。你们读到的并不是有关罗蒂思想的全面详尽的说明。由于本书体例的缘故，许多东西都不得不束之高阁。例如，罗蒂对于认识论的批判，他在阐发有关真理的实用主义理论方面所从事的工作，他对于教育的看法，以及他自己的左翼政治倾向，本来都应该在此书中加以论及。不过，这本小书或许可以为你们提供某种概略性的印象；对于第二类曾经读过有关罗蒂的一些东西的读者，这本书可能会有所帮助，但也可能没有什么帮助。我从罗蒂十分丰富的思想观念中，挑选了一些我自己觉得很有意思、并希望你们也会产生同感的内容。如果你们并不觉得如此，请进一步阅读参考书目中开列的有关罗蒂的第二手介绍资料；对于第三类已经读过有关罗蒂的许多东西的读者，我敢肯定你们将会发现许多你们不会赞同的东西。而如果罗蒂教授本人碰巧成为本书的读者，我想说的是：这或许是对你的著作的又一次底气不足的解读。但愿我言说的任何东西都不会使你感到难为情。

当然，这里表述的看法很明显仅仅属于我自己。

1 哲学是什么?

导言

在研究理查德·罗蒂的著作时，人们没有捷径可走。他不是那种体系性的思想家；人们不可能期望找到一个起点、中介或是终点，以引导读者进入他的思想。当然，这样说并不意味着，我们只能对一个缺失了结构的心智(mind)[①]展开某种否定性的描述；因为无论从哪方面看，罗蒂都是一位十分清晰、很有说服力的思想家。毋宁说，这意味着我们必须描述他对在哲学中建构体系所抱有的敌意，以及在这种敌意中蕴含的有关人们应该怎样从事哲学工作的看法。绝大多数哲学家都宁愿采用科学的方法——或是演绎的、或是归纳的——作为他们从事哲学思维和写作的范式。井井有条、严密精确、内涵确定，便是他们必定会遵循的思维模式。不过，罗蒂却直截了当地拒斥这种观念，既不同意人们应该遵循某种既定的方式从事哲学工作，也不认为按照科学的典范从事哲学工作有什么好处。

罗蒂宣称，他自己受到了一批在他之前的、极富多样性的思想家的启发和激励，其中就包括约翰·杜威、路德维希·维特根斯坦和马丁·海德格尔。因此，在罗蒂的著作中，人们可以发现实用主义、分析哲学和欧洲大陆哲学的种种因素。这似乎是一幅令人震惊的景象。绝大多数哲学家都会把当代这三大哲学思潮看成是彼此对立的，因为它们之间好像没有什么共同之处。不过，罗蒂在从其中每一种思潮那里汲取思想观念的时候，却没有遇到任何困难；然后，他又试图把这些思想观念编织进他自己的那种具有原创性的视野之中。他既不打算建构一个试图综合这三大思潮的庞大体系，也没有忽视它们之间的内在差异；他只是没有受到那些硬要把不同思潮截然区分开来的假定界限的影响罢了。毫无疑问，所有这些不同的线索将会构成一个奇怪的混合体，一种从事哲学工作的独特方式。然而，罗蒂从事的研究工作的一部分内容，恰恰也就在于针对"哲学"这个语词本身提出质疑。事实上，罗蒂迫不及待地想要提醒他的读者们的就是："由于'哲学'这个语词就像'真理'和'善'一样是模棱两可的，这就把一切都弄得十分复杂了。"②因此，进入罗蒂思想的方法之一，或许就是进行一次简短的历史性回顾，看一看被称为"哲学"的那个东西究竟是怎样形成的。

柏拉图与传统

我们可以公平地假定：西方哲学的开端，就植根于柏拉图的思想之中——至少在今天人们运用"哲学"这个语词的学术性意义上说，情况确实如此。当然，更公平些说，在柏拉图之前，已经有某些（前苏格拉底时期的）思想家在从事今天可以称之为"宇宙观思辨"的研究了（亦即探讨一些诸如自然界赖以构成的基本质料到底是什么的问题）。不过，正是柏拉图把哲学引进了课堂，使它成为一门实际的学科——尤其是对于那些被挑选出来、遵循它的道路前进的人们来说。因此，举例来说，他的主要著作《理想国》（这其实是柏拉图提交的一幅乌托邦蓝图）所讨论的课题之一，就是那种为了使哲学家的队伍在这个美妙的理想国中发展壮大而设计出来的教学计划。柏拉图认为，出于他所说的那种对于正义的需要，在哲学方面接受训练，应当成为理想国中某些成员的必备素质。只有那些其本性体现了廉洁、勇敢、节制和智慧这些道德德性和理智德性的领导者，才能受到信任，成为理想国的守护者或是统治者。柏拉图的建议是：选取一批通过教育在品格和智力上都得到提高的职业哲学家来做理想国的守护者。所以，任何一个需要公正的立法者来维持其持续性存在的城邦，都应当拥有一套旨在激发和维系男人们和女人们追求哲学理想的教育体系。[③]

于是，柏拉图对这个问题进行了长期而艰苦的思索。在试图向其他人解释他的建议的含义时，他努力做到尽可能的清晰准确。然而，在每一种解释中，为了给解释者使用的那些术语下定义，解释者都不得不含蓄地做出某些预设。柏拉图在这一点上也不例外。让我们先来看看他的定义，再来考察一下他的预设。在《理想国》中，柏拉图曾把真正的哲学家定义为"那些眼睛盯着真理的人"。④接着，他又把哲学家从事的那种旨在盯着真理的特定活动叫做"辩证法"。在同一部著作里，辩证法则被描述成"引导灵魂转向……使灵魂的眼睛……沿着探究的道路前行……最终达到第一原理自身"的过程。⑤所有这些似乎都是十分明晰的。哲学的活动拥有一种原初性的动力；因此，人们从这个起点出发，经过中间的阶段而达到最终的目的。在起点上，人们会受到爱的驱动（"哲学"这个词便是从希腊文的"爱智慧"中派生出来的）；然后，一个人在灵魂中通过探究的辩证法持续前进，最后达到目的——真理。

不过，要想使这种哲学的实践成为可能，柏拉图就不得不针对心智和真理的本性提出某些预设。其中的预设之一，便是他的下述信念：理性是人们与生俱来的一种能力，它可以通过辩证法的实践得到增强，并且使心智向着绝对真理敞开。我们并不清楚，柏拉图是否真的认为：每个人都生而具有这种理性的能力，并且因此都能够被训练成哲学家——就像他在另一部著作《美诺篇》里暗示的那样。不过，在《理想国》中，大概出于实践上的考虑，只有那些在早年就已经显示出理智天赋的人们,才被给予充分发展这种能力的机会。柏拉图又进一步假定:那种引导灵魂转向、并且使其向上前行的实践,可以达到某个最后的安息点,也就是柏拉图所说的"第一原理"。因此,真理就是在旅途的终点等待着人们去发现的某种东西。柏拉图的这种见解其实是建立在他的下述信念之上的:知识必须逐步完善、自我包容。

假如知识并不是这种灵魂能力的内在组成部分,它(亦即关于事物的知识)的唯一来源,当然就只能是感官了。但在柏拉图看来,感官在这方面却是完全不能胜任的。肉体的经验太容易受到各种干扰因素——年龄、健康、脾气和幻觉等等——的影响,因而也很容易受到它们的扭曲。柏拉图认为,感官只能提供一个有关事物的有限而片面的视界;假如知识的来源仅仅是感官的话,知识就会被剥夺掉那种柏拉图极力寻求的确定性。因此,任何缺失绝对真理的东西都不值得信任。只有哲学才能为那些真正具有普遍性的陈述提供保证;这些陈述不会受到语言、文化或是个人视界的特殊性限制,因而才有权利被称为真理。这里蕴含的前提就是:只能存在一种真理,它在任何时候、对于任何人来说都必定是同一的。这种看法也许可以称之为试图寻求一种有关实在和真理的"神的视点"。

柏拉图按照这种方式思考哲学所产生的一个后果,就是他试图把哲学与其他类型的思维严格区分开来的那些发现。哲学被认为是不仅高于、而且也有别于诗歌、文学、修辞、历史、实践性技艺以及任何一种实验性的研究（这些研究是以感官经验为基础的），因为后者的视点都是片面性的。在柏拉图看来，所有这些似乎都是不证自明的，并且应该成为一切未来的哲学家所遵循的基本策略——如果不是在现实的实践中，那么至少也是在理论上。

不过，如果我们现在回过头来考察理查德·罗蒂的思想，就会发现一种完全不同的从事哲学工作的方法，以及这种方法又是怎样被运用到实践中去的。罗蒂并不是仅仅把柏拉图的出发点简单地颠倒过来，转而诉诸感官而不是诉诸灵魂或心智。他不是一个经验主义者。他也没有打算勾勒一幅以感觉印象为基础的有关世界的图画。许多反柏拉图的哲学家都仅仅满足于拒斥柏拉图对普遍真理的追求，强调感官虽然难免出错、但可以进行自我纠正。柏拉图和其他理性主义者或许会对被他们看成是感官弱点的东西完全绝望；但一种内在一贯的经验主义哲学，却会把感官的自我纠正本性当作感官的长处来对待。其中潜藏的意蕴就是：知识的发展和进步，就是那种使得有关世界的合适的科学图景成为可能的东西。在哲学史上，理性主义者与经验主义者围绕知识来源问题所展开的争论，一直都是一种富有活力的推动力量。不过，在罗蒂看来，虽然一种以感官为基础的哲学可以通向对柏拉图主义的富有意义的批判，但它本身却像后者一样陈旧古老。虽然经验主义提出了一系列全新的问题——其中最值得注意的就是有关身心二元论和有关真理符合论的本性的问题，它其实也不过是基要

主义的另一种努力、一场关于第一原理的争论；仍然还有
许多哲学性的工作没有触及。罗蒂想做的是某种更加激进
得多的事情——彻底跳出这一类以及其他相似的争论。

罗蒂根本不承认下面这些信念：哲学家应该从事的唯
一工作就是探究（inquiry）；哲学写作的唯一风格就是论辩
性的话语；知识拥有自己的基础或是第一原理；存在着某
种类似于"灵魂之眼"的东西；心智就像一个内在的剧场，
各种各样的观念在其中出场表演；真理就是某种等待着人
们去发现的东西；只有普遍性的陈述才是可以接受的；在
各种学术性学科之间存在着清晰的界线，以致可以把它们
划分为整齐的系科。结果，在历史上一直是哲学研究的构
成要素的每个东西，都遭到了罗蒂的拒斥。

从根本上说，罗蒂就是不想继续按照传统的方式，去
从事哲学领域的各种活动。他当然不希望继续维系那个古
典传统。举例来说，20世纪早期的一位思想家艾尔弗雷
德·怀特海曾经说过一句名言："整个欧洲哲学传统都可以
最稳妥地概括成有关柏拉图的一系列注脚。"⑥在我看来，这
句名言所流露的那种赞扬和羡慕，公平地说只是某种情绪
性的伤感，罗蒂很可能宁愿看到它被扔进历史的垃圾堆。
柏拉图也许的确遗赠给了西方哲学以一系列的疑问和课题，
以及一个用来解答这些疑问和课题的特定词汇表；许多思
想家也许的确会像怀特海那样，高高兴兴地成为这份慷慨
礼品的受惠者。不过，在罗蒂看来，这份遗产却伴随着太
多的附加条件，以致很难高高兴兴地接受。

　　显然，这是一个令人震惊的出发点。尽管位于哲学圈子之外的人们对于哲学展开批评已经成为司空见惯的事情，（例如，马丁·路德就曾经这样劝告基督徒们，如果他们想成为好基督徒，就应该"与他们的理性彻底决裂"；而卡尔·马克思则以一种嘲讽的口气指出："哲学家们只是用不同的方式解释世界，问题在于改变世界"。）不过，像罗蒂这样的人——由于在 1979 年成为美国哲学学会的主席，他可以说已经达到了学术声誉的顶峰——居然也会批评他自己从事的那个行当，却是前所未闻的。然而，这正是他的所作所为，并且从那时候起就开始为他招来了一批为数甚多的论敌。[⑦]公平地说，罗蒂可能会辩解道，他所做的批评并不是拒斥从事哲学工作的任何可能性，而只是试图改造哲学——虽然是以一种实质性的方式改造哲学。可是，对于许多人来说，这种改造采取的方式却是他们根本无法接受的。当罗蒂做出下面这类断言的时候，情况尤其如此："实用主义者想说的是，哲学的最佳希望就是不去从事**哲学**"；[⑧]"实用主义者试图用这样的话来为自己辩护（针对那种认为他不是一个**哲学家**的断言）：一个人只有成为反**哲学**的……并且因此放弃**哲学**的种种预设，他才能真正成为哲学家。"[⑨]

　　无论我们在评判罗蒂著作的整体特征时会得出一些什么样的结论，他都已经出于充分的理由触及到了哲学家这一群体的那根敏感神经。罗蒂很有才华，精读了大量哲学史资料，因而也知道所有那些哲学的骸骼到底是在哪里被埋葬的。不过,对于出现在罗蒂文本中的那些东西,我们却不容易贴上一个标签。他常常以一种反讽的尖刻口吻,给自己的工作取上一些不同的名称,诸如全球历史主义或是心理唯名论等等。他也常常把自己称作实用主义者或是杜威主义者;不过,由于绝大多数实用主义者和杜威主义者都认为罗蒂误解了杜威,或是本来就不太关注罗蒂的实用主义见解,这些名称似乎争议太多,以致不便使用。罗蒂曾经用来描述自己的工作、并且看起来也很适合他的另一个名称就是"后哲学"。⑩如果**哲学**就意味着某种旨在描述实在总体特征的系统化探究,那么,它过去曾经是、现在对于许多人来说也依然是一个梦想。但是,这并不是罗蒂的梦想。

这里有必要特别强调的一点是(这个要点常常被罗蒂的许多批评者所忽视):罗蒂其实并没有直接地反驳任何特定的**哲学**论题,也没有直接地反驳**哲学**本身。这是因为:在这个意义上成为一个哲学上的怀疑论者,恰恰也就是从事**哲学**的另一种形式,而这又会把他拖进所谓"归谬法"的证明之中。人们根本就不可能在不从事**哲学**的情况下,利用**哲学**的资源来批判**哲学**。罗蒂意识到了这种两难境地。对此他采取的策略毋宁说是:"在实用主义者看来,柏拉图的传统已经延续得太久了,以致变得没有任何用处。这样说并不意味着,实用主义者对于柏拉图式的问题,可以提出一系列非柏拉图式的崭新解答;这样说只是意味着,他们并不认为我们应该继续提出这些柏拉图式的问题。他们

只是想要改换一下讨论的主题";⑪ "不是当人们发现了某种
新方法去解答老问题的时候，而是当一系列新问题产生出
来、而老问题则开始逐渐褪色的时候，使人感兴趣的哲学
变化（我们也许会说'哲学进步'，但这种说法未免是用有
待证明的假定来论证）才会出现。"⑫

　　问题的关键在于，罗蒂试图避免那种初阶性的争
论——也就是那种运用传统哲学确立的术语所展开的论辩。
首先，在他看来，哲学家从事某些其他类型的活动，或许
要比他们针对**哲学**的命题展开论辩更能产生富有意义的成
果。其次，如果一个人允许他的对手确立论辩的规则或是
术语，他自己就总是会处在不利的位置上。最后，这些规
则本身归根结底都是任意专断的。罗蒂自己很清楚，他
"……不仅违反了常规哲学（当代哲学）的种种规则，而且
也违反了某种元规则——这种元规则就是：只有当人们已
经注意到了老规则既不适合于所讨论的主题、也不适合于
实在本身、甚至会妨碍对于那些永恒问题的解答的时候，
他们才可以建议改变这些规则。……（我）拒绝宣称（我
自己）已经发现了任何客观的真理（比如说关于哲学是什
么的客观真理）。"⑬

　　"后哲学"一词中的前缀"后"可以表明，罗蒂拒绝这
样一种观念，这种观念把**哲学**看成是"对于某些明确的、永
恒的……（深层次的）问题所展开的研究，而哲学教授们则
拥有某种道义上的责任，应当坚持不懈地探讨这些问题……
亦即关于存在的本性、人的本性、主体与客体之间的关系、

思想与语言、必然真理、意志自由等等问题……"[14]尽管如此,罗蒂却愿意接受有关哲学的一个不是那么陈腐不堪的定义:"用威尔弗里德·塞拉斯(Wilfrid Sellars)的话说,哲学就是'一场有关事物(在这个术语最广泛的意义上)怎样聚集(在这个术语最广泛的意义上)在一起的讨论'。……或者说,**哲学**已经变成了杜威认为它所是的那种东西:在一般性层面上展开的批判性思考,它只是在程度上有别于其他类型的探究活动而已。"[15]换句话说,罗蒂依然把哲学家的角色理解成某种"知识分子",他们对于哲学史、文学、政治、历史和一般意义上的文化有些有趣的东西想要言说。不过,罗蒂并不认为,他们因此就有义务要去深入钻研那些永恒的课题。因此,理解罗蒂针对哲学展开的批评的一种方式,就是去理解他相信是来自某些有关哲学实践的元哲学或二阶性思考的结果。

元哲学的幕间休息

我想通过与道德理论中有关伦理学与元伦理学之间关系的讨论的比较,来解释哲学与元哲学之间的区别。一方面,伦理学家们认为,相互竞争的道德直觉总是主宰着伦理学的讨论;另一方面,元伦理学家们则认为,通过考察道德对话所使用的语言,我们就可以获得重要的道德洞见。

我们不妨考察一下这样一个道德命题:"快乐是善。"在初阶性伦理学的层面上,对于善的精确本性,必定会存在各种各样的不同见解。某些哲学家也许不同意"快乐是善"的命题，转而宣称"强力是善"或"永恒的至福是善"。因此，（比方说）在约翰·斯图亚特·密尔、弗里德里希·尼采或是托马斯·阿奎那的著作中，人们就可以发现各种各样的说明、解释和论证，用来支持他们各自关于善的本性的论点。

在二阶性或是元伦理学的层面上，争论的焦点却转向了人们在提出"快乐或强力或永恒的至福是善"这类命题时所运用的语言。元伦理学家正是针对这类伦理学语句的逻辑学功能或语言学功能提出问题的。举例来说，"快乐是善"这个命题是有关某个事实的描述吗？假如情况确实如此，比较而言，它在功能上也许就类似于"快乐是一种主观感受"的命题。而在这种情形下，人们就能够要么回答真、要么回答假。或者，这些语句其实只是个人爱好的一种表述？假如情况确实如此，当一个人说"强力是善"的时候，他只不过提供了一个在功能上类似于"我喜欢强力"这个命题的语句。或者，伦理学语句在范围上要更为宽泛一些，可以包括某种一般性的建议？假如情况确实如此，"永恒的至福是善"这个语句就类似于"一切个体都应该向往永恒的至福"。问题的关键在于，在后两种情形下，回答真或是回答假就不那么合适了。某些其他类型的回应也许更适当一些；由此引发的伦理学讨论，也将因此不得不以某种适合于这个层面上的对话的方式加以展开。"喔，我喜欢性胜过喜欢强力"；或是"天哪，不！人们应该向往那些

更世俗些的幸福。"当然，很明显，此时此地我们完全没有
必要讨论这些争论，也没有必要考察这种元伦理学的反思
是否真的产生了某些重要的道德洞见。

我的目的只是想运用元伦理学中的这种策略作为例证，
来说明在元哲学思考中所发生的事情。元哲学其实是沿着
一条与元伦理学相似的轨迹运动的。它把关注的焦点从
"言说了些什么"转向了有关"某个东西如何被言说"的
思考。举例来说，我们不妨考察一下人们在哲学著作中常
常遇到的有关"实在"本性的典型的初阶性形而上学命题：
"实在是物质的"或是"实在是上帝本性的一个属性"。元
哲学家不会去与唯物主义者或是有神论者争论有关实在本
性的问题，而是会针对那些被陈述的命题的功能提出疑问：
这些命题是有关事实的命题，因而能够回答真或假吗？假
如情况确实如此，它们就如同"实在的奶酪存在于某个奶
品店里"这个命题一样。或者，它们更像是某种个人信念
的表述？假如情况确实如此，它们就如同"我只相信物质
性的东西"这个命题一样。或者，它们类似于劝告？假如
情况确实如此，它们就如同"我们只应当相信上帝的实在
性"这个命题一样。或者，它们还可以归入其他某些范畴
那里？考虑一下这个语句："真正的男人是不会哭的。"这
个语句所要做的，似乎就是寻求一个定义："喔，男人是会
哭的；那么，你所说的'真正的'男人到底是指什么？"

在罗蒂看来，初阶性哲学命题就属于最后一个范畴。
一切都取决于那些用来构造定义的术语。更重要的是，哲

学中的所有定义都是一些约定。人们可以接受它们，也可
以不接受它们；所以，这里并没有任何强制性的东西。哲
学家们通常都有足够的创造性，可以不公正地设定一些分
界线，以便适合特定的理论架构。罗蒂类型的元哲学分析
与其他初阶性哲学家之间的区别就在于：绝大多数哲学家
都相信，他们采取的那种理论架构就是宇宙结构的组成部
分；而在罗蒂看来，这些彼此不同的理论架构其实只是一
些语言学上的创造。

> 的确，在某种重要的意义上说，所有哲学上的争
> 议……都属于元哲学。……所有那些不是有关事实的
> 单纯（同时也是难以确定的）分歧的争议，都是有关
> 某种层面差分（a distinction of level）的功用性的分
> 歧。……（这种层面差分把某种原来被区分为不同种
> 类的东西，降级为一个更广大的话语宇宙的次级区
> 分。）……正是后面这种分歧构成了元哲学。⑯

这种元哲学反思的意蕴是十分丰富的。它不仅消解了
大多数初阶性的哲学问题（因为这些有关事实的问题要么
是微不足道的，要么只是由它们之间的关联所决定的），而
且这里似乎也存在着某种朝向语言架构的无限可能性的虚
拟性无政府主义敞开大门的危险。对于提升或降低理论架
构的门槛来说，似乎并不存在任何限制。这也似乎使讨论
的展开要么成为不可能，要么成为极其困难的。不过，出

于两个原因,罗蒂并不认为这是一个严重的问题。首先,针对那种所谓"退步"的两难困境,罗蒂陈述说:"从实用主义的立场看,这些无限的退步是无害的,因为实践并不要求把这些潜能现实化。"[17]其次,人们可以通过增加一个有关如何维持秩序的附加条款,引进一个刹车机制来控制这种滑动。

我想说明的是,如果不把"规则"这个概念看成是某个哲学研究计划的原初概念架构中的未被还原、也不能够加以还原的因素,层面差分的建构将会是不可能的。[18]……在现实生活中,是不是真会有人不知道什么是规则、以及规则是怎样与直觉区分开来的呢?当然不会有人不知道这一点;但是,的确有某些哲学不知道这一点。这些哲学之所以会存在的原因并不难找到。只要人们远离"规则"这个概念……他们就仍然有可能把从事哲学工作看成是一项有限的任务,看成是某种可以一劳永逸地完成、并且可以正确地完成的东西。……不过,一旦人们把自己看成是创造性的而不是发现性的,也就是说,一旦他们把自己看成是规则的倡导者而不是事实的发现者,那么,他们就会意识到:可能存在着各种可供选择的规则,并且可能存在着对于任何一条规则进行复数性的诠释。这样一种意识,就能够允许人们第一次从事本真性的对话。[19]

在这一点上，人们可以看到分析哲学对于罗蒂思想产生的影响。不过，这也成为他的全部工作中更有争议性的一个方面，因为它把罗蒂带进了一个绝大多数分析哲学家都不愿进入的维度之中。分析哲学家们也认为，理解语言怎样发生效用的过程是至关紧要的；但是，他们在这样做的时候，仍然希望能够使实在得到更清晰的表述。相比之下，罗蒂则把分析哲学有关语言澄清的先见与他自己的元哲学关注结合起来了。在这样做的过程中，他向下面这种见解提出了激进的挑战：使实在得到更清晰的表述，是一种伴随而来的获益。事实上，在罗蒂那里，后面这个目的干脆就被赶出了画面。哲学不再被看成是对实在的发现（罗蒂把这种努力称之为想要成为事实发现者的努力），而被看成是某种开始于并且终结于对话之中的东西。在罗蒂看来，对话本身就成为一个自在的目的。对于实在到底是什么的问题，根本就不该抱有想要发现某种最终解答的努力，因为这种最终解答等于是终结了对话。而使对话能够一直延续下去，这本身就是目的。

> 那些主张……古老样式的哲学——作为"形而上学、认识论和价值论"的哲学——应该被元哲学所取代的人们……宣布……哲学是所有游戏之中最大的一个游戏，因为它恰恰就是"改换规则"的游戏。……既然任何形而上学、认识论或价值论的论辩都能够通过重新定义而被驳倒，那么，剩下的就仅仅是：高高

兴兴地去做非做不可的事情——也就是去研究定义的
过程本身。这种类型的元哲学家把哲学的功能理解为：
使沟通成为可能。……既然只有沟通——而不是真理
（甚至不是观念的一致）——才是目标，将要展现的无
限系列就会是进步的而不是退步的：保持这个系列延
续下去，已经成为一种道德上的义务，除非沟通本身
已不再存在。保持沟通延续下去，就是赢得这场游
戏。……这样一种立场，再加上某种程度的历史精确
性的外貌，便可以称之为元哲学的实用主义。它相当
接近于杜威对哲学史所采取的那种态度；它也是把
"真理"分析成"需要的满足"（然后再把哲学想要满
足的那种需要看成是成功的沟通）的一个相当自然的
副产品。[20]

　　这一段有关元哲学的离题论述的目的，是试图显示罗
蒂有关哲学的观念是怎样形成的。通过首先思考"哲学是
什么"这个问题，罗蒂被引导着去探索有关哲学家们所从
事的活动问题。这种探索接下来又通向了对于哲学活动所
运用的语言的一种考察。在考察哲学语言的过程中，罗蒂
得出了一个结论：哲学家首先是一批在创造有关他们自己
的活动的描述、以及在重新描述他们对手的所作所为时声
名狼藉的人。既然这种重新描述的进程就是那种使得哲学
成为它所是的活动的东西的组成部分，为什么我们就不能
沿着这条道路一直走下去，而不必假装仿佛所有这些重新

描述都是旨在达到某个外在的目标——与某种比语言更重要的东西建立联系的目标呢？结果就是高高兴兴地去做非做不可的事情：哲学就是一种玩弄语言的游戏。有些游戏是需要以严肃认真的精神来从事的；另外一些游戏则是为了好玩、娱乐、有趣或是启迪。既然罗蒂在研究哲学的道路上根本没有进入那种严肃认真的精神状态（事实上，他在大部分时间中总是彻头彻尾反讽式的），那么，如果哲学拥有的是某些其他类型的目标，这些目标或许可以更好地得以实现。

语言的普在性

在着手考察这些其他类型的目标到底是什么之前，或者说在着手考察在罗蒂看来哲学更像是什么——如果它并非柏拉图式传统的某种延续的话——之前，我们关于罗蒂和语言还有几句话要说。这既是一个至关紧要的问题，又是一个极其复杂的问题。它之所以是至关紧要的，是因为罗蒂针对传统哲学展开的大部分批判，都起源于他的元哲学反思，而这些反思则是通过对语言怎样在哲学话语中发挥功能的分析表现出来的。不过，这种分析又进一步通向了某种有关一般性语言功能的考察。它之所以是极其复杂的，是因为在假定了思想与语言之间的密切关联之后，人们却不可能轻而易举地澄清这一点。人们似乎会很自然地认为，要么我们思索的东西也就是我们在语言中言说的东西，要么我们在语言中言说的东西也就是我们思索的东西。换句话说，人们常常倾向于发问：思想与语言这两者究竟哪一个在先？或许，正像罗蒂建议的那样，这也就是那些不应该被提出、而应该被消解的问题之一。尽管如此，哲学家们关于这个课题却有许多话想要言说；而如何整合思想与语言之间的关系，对于一个哲学家的形而上学总体承诺也会产生巨大的影响。罗蒂在这方面其实也不例外，虽然他自己是拒斥形而上学的。

罗蒂对于他所拒斥的那些观念总是了解得相当清楚。他拒斥了这样一种观念："……语言是一种媒介——一种要么是再现、要么是表现的媒介。"[21]也就是说，在罗蒂看来，语言并不是"……某种位于自我和自我试图寻求与之建立联系的非人格实在之间的东西"。[22]在这里，人们就开始接触到罗蒂思想的核心内容了。如果说有某个东西能够像一条红线那样为罗蒂所做的每件事情染色，这个东西就是他所谓的"语言学转向"。这种"语言学转向"主张：

> 人们不可能超越语言。也就是说，人们不可能在所有的语言学架构之外发现某种观点；因为这个世界正是在这些架构之中"如其所是"地显现出来的。如果不是在某种语言之中思索，人们就根本不可能进行任何思索。[23]

当然，人们可以在这一点上反守为攻地向罗蒂发问：

"如果不是在某种语言之中思索，人们就根本不可能进行任何思索"究竟是一种什么类型的命题？它是一个事实性的陈述吗？人们怎样才能检验它的真理性呢？它是一个承诺性的命题吗？它是一个建议吗？它是一个有关术语定义的请求吗？你所说的"思想"、"语言"究竟意指什么？我不敢肯定罗蒂将会怎样回答这些问题，因为据我所知，还没有人以这样一种方式质问过他。不过，我觉得，罗蒂也许会回答说：它是一种承诺、一个建议。而更坦白些说，我并不认为：那些坚持相反观念（亦即认为思想和语言互不依赖）的人处在某种更有利的位置上，因为人们也可以对是否能够证明这些人的论点提出同样的质问。[24]罗蒂至少在下面这一点上是前后一贯的：他并没有（或是不能够）把他的见解作为一个论点提出来。考虑一下他的这个观念："决定着我们的绝大多数哲学信念的，不是命题、而是图画，不是陈述、而是隐喻。"[25]这样一种对待语言的态度，似乎既暗示着语言（图画、隐喻）在构成哲学的生活（罗蒂的生活也被包括在内）时发挥着生死攸关的作用，同时又暗示着图画和隐喻是任意性的。它们是表现性的，而不是描述性的；它们是被创造的，而不是被发现的。

不过，在关注一个建议之前，人们有权询问：接受这个建议可能会产生一些什么样的后果？罗蒂对此也做好了准备。他解释说："……我并不打算去反驳那个我想要加以取代的词汇表。相反，我只是想通过显示我所青睐的词汇表怎样可以用来描述各种各样的话题，从而使它显得富有

吸引力。"㉖请允许我在这里再次强调前面已经提到的一点:
罗蒂有关语言与思想之间关系的理解,对于他的后哲学反
思是至关紧要的。罗蒂指出:"……对我的观点来说十分重
要的一点是,我们既没有任何需要语言去加以适应的前语
言意识,也没有任何需要哲学家们运用语言拼写出来的有
关事物本来面目的深度感受。"㉗

如果把这种见解看成是回答有关语言与思想哪个在先
的问题的一种简单方式,那将是一种误导。不过,从某种
(时间性和社会性的)角度看,语言的确具有在先性。在一
个人出生之前,他的"父母"就在言说着一种语言。对于
语言,罗蒂采取的是一种维特根斯坦式的视点。我们是在
语言中被社会化的;我们是在原初的看护者通过向我们言
说、并且纠正我们发音的过程而提供给我们的环境中成为
我们之所是的。不过,从另一个角度看,语言又不具有在
先性,因为根本不存在任何把我们的经验与语言割裂开来
的方式,而我们似乎也拥有很大的自由来创造新的语词和
隐喻。对于"语言是怎样与思想相关的"这个问题,罗蒂
的回答是:"我们不应该试图回答这样的问题。""我们应该
限制自己,只提出这样的问题:'我们对这些语词的运用是
不是与我们对那些语词的运用相互契合?'这是一个有关我
们对工具的运用是不是充分有效的问题。"㉘

这个用"工具"来描述语言如何发挥功能的隐喻,可
以帮助我们绕开那种认为罗蒂的语言观会直接通向某种形
式的语言唯心主义的批评。这种批评主张:如果接受了罗

蒂有关语言普在性（ubiquity）——亦即人们不可能超越语言——的观点，人们似乎就将陷进一个封闭的世界而不能自拔。人们不是可以在他们自己的语言建构中创造出这个世界吗？对于这个问题，罗蒂的回答是：否。如果语言被看成是思想的一个媒介、看成是位于自我与世界之间的第三种力量，唯心主义反而会接踵而至。如果人们错误地对待这个与世界相关的媒介，唯心主义便会成为一个问题。哲学实在主义——或者说那种认为世界必定是独立于我们的语言性（或概念性）工具而存在的观点，也将成为一种更加似是而非的论点。换句话说，凡是在心智把握住了意义、并且运用语词传达这些意义的地方，都会存在一种在语言的监狱中被孤立起来的危险。但是，如果语言是一种工具，语言就没有创造这个世界；毋宁说，它控制着这个世界上万千事物如何被操纵的进程。实在主义与唯心主义之间的争论，便依赖于人们如何把语言看成是内在意义的一种表现。但是，对于罗蒂来说，这种争论可以通过转变人们的语言观而加以避免。他解释说：“我们需要区分下面两个命题：一个命题主张，世界是存在于我们之外的；另一个命题主张，真理是存在于我们之外的。说世界存在于我们之外、不是我们创造出来的产物，就等于是在常识的意义上说：存在于时空之中的事物，是不包括人的心智状态在内的种种原因的结果。说真理不是存在于我们之外的，则等于是说：没有语句也就没有真理，语句则是人的语言的要素，而人的语言又是人的创造物。”[29]

到现在为止，罗蒂对语言的关注一直是我们注意的焦点，而他的这种关注又体现了维特根斯坦、尤其是后者有关如何在语言游戏中运用语词的见解的影响。（维特根斯坦曾经指出：“一个语词的意义就是它在语言中的运用。”“我们可以说，在给一个东西命名的时候，我们其实什么都还没有做。除非是在语言游戏中，否则这个东西甚至还没有得到命名。”㉚）不过，罗蒂同时也受到了杜威的影响。使罗蒂变得独一无二的东西，是他在完成“语言学转向”之后所选择的那种实用主义取向——虽然绝大多数实用主义者在这一点上并不同意罗蒂的看法。这些实用主义者干脆就拒斥“语言学的转向”。他们把经验看成是原初性的价值，认为罗蒂赋予语言以先于经验的特权的做法，会使那种他们认为是哲学家应当关注的事业——亦即赋予经验以意义的事业——遭受损失。罗蒂与实用主义者是在下面这一点上分手的：“经验”恰恰也是一个需要通过语言加以澄清的术语。赋予一个东西以意义的活动，也是人们需要运用语言来从事的活动。虽然杜威在讨论实用主义的时候常常使用“经验”这个语词，罗蒂从他那里还汲取了其他一些重要的关注点。（杜威曾经指出：“……哲学将不得不放弃所有那些宣称自己对于终极实在、或者说对于作为一个完全……整体的实在——亦即真实的对象本身——抱有独特关注的自负权利。”㉛）“从古希腊时代起，哲学便一直认为，知识的功能就是揭示先在的真实，而不是像实践性判断那样，获得在问题出现的时候处理它们所必须的那种理解。”㉜）正是杜威对于解决实践性问题的这种关注影响了罗蒂。他们之间的差别主要在于：当杜威把理智看作是解决问题的手段的时候，罗蒂则把语言看作是解决问题的手段；当杜威把观念看作是赋予经验以意义的工具的时候，罗蒂则把语词看作是获得人们想要获得的东西的工具。因此，罗蒂思想的实用主义一面也直截了当地服从于语言学的原理。他解释说："所谓哲学问题，也就是指那些有关语言为了最好地适应我们的目的而应该言说些什么的问题。"③

在这里，我想从罗蒂关于语言普在性的观念所导致的种种哲学后果的角度出发，把几条线索联结起来。如果人们接受了罗蒂的看法——一切经验都是某种语言学的事件，那么，这就排除了存在着基本直觉的可能性。并不存在知识的原初性起点。这样说并不意味着：根本就不可能有关于这个世界的知识。毋宁说，罗蒂既没有一套有关知识的理论，也不认为人们需要这种理论。从哲学的角度看，认识论是一种毫无用处的活动。既然语言是一团混杂凌乱的东西，我们根本就没有办法在思想或经验中发现一个起源，并且凭借这个起源建构一个适合于像现实世界这类东西的词汇表。建构本体论是毫无意义的。人们不可能离得足够远或是站得足够高，以求获得一个能够看到事物究竟是什么样子的清晰视点。因此，主客符合论意义上的真理也是不可能的。如果与哲学家们在传统中相信他们能够从事的事情相比，所有这一切似乎都是令人沮丧的；不过，事实确实如此。从语言的角度看，罗蒂的所作所为对于哲学家们习惯于用来描述他们事业的所有那些视觉性隐喻是很富于批判性的;这些隐喻包括:清晰地观看事物、目视心智、观察实在等等。而他用来取代这些隐喻的隐喻则是:工具、信念之网、创造性的行为。他解释说:"我们坚持认为:重新编织我们的信念和愿望之网的过程,从任何一种……秩序的角度看都是太复杂、太难以预料的。这个过程更接近于经由平行分布的处理以求重构一个神经网络的活动,而不是更接近于我们努力工作、以求复制一张整齐匀称的流量图表的活动。"㉞

哲人何为?

那么,罗蒂到底为哲学提出了一些什么样的目标呢?或者说,哲学家们究竟应该去做一些什么事情呢?罗蒂提议的第一件事情就是:哲学家们应该开始从不同的角度入手,思考他们所做的事情。他从汉斯-乔治·伽达默尔那里发现了一条线索。㉟罗蒂解释说,"(伽达默尔用)……'教养'(教育,自我培养)这个概念取代了被视为思维目标的'知识'概念。"㊱罗蒂因此要求:哲学家们应该远离对认识论问题的关注,而转向有关解释学(诠释)和教化的问题。在他看来,"教化凭借陌生化的力量,使我们脱离我们陈旧的自我,帮助我们成为新人"。㊲

因此,在罗蒂向哲学家们提议应该去追求的那些目标之中,似乎存在着两个范围广泛的要点。其中一个要点似

乎是与哲学家作为一个职业阶层的成员在和其他哲学家的
关系之中所具有的内部目标相关联的；我把它称之为历史
性的目标：持续性地解读历史上的经典。另一个要点则是
与哲学家作为人文主义的知识分子在和其他哲学家的关系
中所具有的外部目标相关联的；我把它称之为教育性的目
标：参与文化的对话。不过，这两个目标之间又是内在相
关的。在后面有关罗蒂政治观点的讨论中，我们将会发现
另外一对目标：用来标示分离开来的两种活动的公共性与
私人性之间的区分。不过，在这里，讨论两个目标之间的
分离，却是一件轻松舒适的事情。

罗蒂从哲学史中获益匪浅。正如他迫不及待地想要提
醒人们注意的那样，"哲学并不比文学或是政治更有理由拥
有一个本质。只不过那些有才华的人们试图分别为它们制
造一个罢了。……并不存在这样一个共同的标准，我们可
以用它来比较罗伊斯、杜威、海德格尔、塔尔斯基、卡尔
纳普和德里达，以判定谁才是'一个真正的哲学家'。不
过，尽管哲学并不拥有一个本质，它却拥有一个历史"。⑧在
罗蒂有关哲学的观念中，这个历史发挥着一种枢纽性的作
用。人们可以把哲学的历史看成是储存各种观念和问题的
大水库，这些观念和问题从过去时代的那些大师们那里传
递下来，而每一代新人则必须从中提取一些线索和暗示，
以便发现哪些问题才是严肃认真的、值得解决的。出于对
过去时代的忠诚，人们通常不会去改变这些问题，而只是
试图找到新的方法或策略，而这些问题则代表着通向"爱

智慧"的道路。很明显，罗蒂并不具有包含在这类情感之中的那种严肃认真的态度。不过，他却一直在解读哲学的历史。像罗蒂这样的哲学家，根本不去理会如何研究**哲学**这样的问题；但是，哲学史对于他们来说却依然是十分重要的，因为这样才能够发现：那些特殊的问题是如何成为它们那个时代的问题的。但是，如果这就是哲学家们应该做的一切，我们为什么不干脆完全无视**哲学**本身呢？首先，这样做并不那么容易；人们需要经过许多年的准备工作，才能够理解谁是谁、以及他们到底言说了一些什么。其次，古老的爱好也是很难消除的。最后，我们没有任何理由完全放弃**哲学**的历史。**哲学**在西方文化中毕竟一直是十分重要的。虽然罗蒂的观点在某些论题上是十分激进的，但在那些华丽的言辞后面，依然潜藏着某种文化保守主义的因素。他不仅有指向未来的前瞻，而且也有指向过去的回顾。

　　一位哲学家的自我形象——也就是他对于自己作为哲学家（而不是——比方说——作为历史学家、数学家或是诗人）的认同，几乎完全取决于他是怎样看待哲学的历史的。这一点取决于他所模仿的是哪个人，而他所忽视的又是哪些事件和运动。……哲学家们对于某个词汇表的采用——他们有关哪些问题是应该消解或忽视的、哪些问题则是必须加以回答的半意识决定——几乎完全是受他们与哲学史之间关系的观念驱动的。这种观念也许是一个认为自己处在不断进步的发现序列之中（就像处在科学之中）的观念，也许是一个重视某个社会新近发现的需要和希望的观念，也许干脆就是一个把哲学史上的某些人物与自己的隐私性需要和希望相关联的观念。㉟

虽然罗蒂在一系列问题上——在批判传统哲学研究问题的思维模式方面，在不理睬有关认识论的问题方面，在拒斥某种有关真理的实体性观念方面，在忽视直接性的经验方面等等——都是很激进的，但是，他却极力想要维护哲学史的相关性。这种取向与他的语言学取向也是密切相联的。虽然语言在创造崭新隐喻和个性化言说方式等方面允许原创性的存在，它在根本上还是某种历史性文化生活的具体体现。因此，在给个体生活赋形的时候，语言与历史是携手并肩的合作者。哲学是西方文化的一个组成部分；所以，它也是罗蒂想要参与其中的那个语言游戏的组成部分。正如他指出的那样：

"哲学"作为一个文化领域的名称，它意指的全部东西就是："谈论柏拉图、奥古斯丁、笛卡尔、康德、黑格尔、弗雷格、罗素……以及等等。"哲学最好被看成是一种写作。正如文学上的任何一种风格一样，它不是由形式或质料所确定的，而是由传统所确定的——就像是一个家族的浪漫传奇，比方说，其中就包括父亲巴门尼德，诚实的大叔康德，以及调皮捣蛋的弟弟德里达。[40]

　　我一直都在试图摆脱那些已经变得仅仅是古色古香的陈旧经典;不过,我并不认为:我们没有经典也可以玩得转。这是因为,我们没有英雄就不可能玩得转。我们需要有高山峻岭来让我们仰望。我们需要给我们自己讲述一些有关死去了的强有力人物的详细故事,以便我们超越他们的希望能够具体实现。[41]

　　因此,哲学家作为哲学家,既不应该,也不能够回避思索他们在这个传统里比较适合于呆在哪里的问题。不过,罗蒂拒斥那种认为对于"哲学是什么"的问题只能有一个单义性回答的观念。这个问题是向重新定义敞开的。因而,他的回应就是"创造性"。哲学家并不发现任何东西。他们只是创造新的定义。而创造并不是在真空中发生的。原材料就是过去的历史。因此,一个哲学家要想重新定义自己,就有必要了解过去的哲学家们究竟言说了一些什么。

　　不过,除了在把自己定义为哲学家的时候应该与过去时代的伟大哲学家进行内在的对话这一点之外,罗蒂又认为,哲学家还需要发挥一种更为广泛的文化功能。哲学应该是某种比个人游戏更多一些的东西,无论这种个人游戏的方面对于个体的自我定义有多么重要。虽然过去时代的哲学家们总是试图通过提供有关健全社会的理想图像来证明自己的活动是正当合理的,罗蒂却满足于让社会自行其是。他是这样来解释他的哲学观将会做出的那种贡献的:

我认为，那种认为认识论……对于文化来说必不可少的观念，其实是把哲学家可以发挥的两种作用混为一谈了。（第一种作用）是文化监督者的角色——他知道每个人所依据的共同基础。柏拉图式的哲学王知道其他每个人实际上都在做些什么，无论这些人自己对此是否清楚，因为他知道他们在其中从事活动的那种终极处境。（第二种作用）则是拥有知识的涉猎者、爱管闲事的人、和各种话语之间的苏格拉底式调解人的角色。⑫

按照这种理解，"哲学"就不再是这样一门学科的名称：它面对着某些永恒的问题，却总是不幸地误解它们，或是运用笨拙的逻辑论证工具攻击它们。毋宁说，哲学是一种文化的样式，或者借用迈克尔·奥克肖特（Michael Oakshott）的术语说，是一种"出现在人类对话之中的声音"。它之所以会在某个给定的时刻集中于这一个话题而不是另一个话题，并不是出于逻辑论证的需要，而是由于发生在对话中的其他领域的各种事情（诸如新科学、法国大革命、现代小说等）所导致的结果，或者是那些思考着某些崭新东西的个别天才人物（诸如黑格尔、马克思、弗雷格、弗洛伊德、维特根斯坦、海德格尔等人）的创造，或者也许是几种力量的交织后果。⑬

哲学总是意指"爱智慧"。这也许就是男人们和女人们为什么会把哲学书籍摆在首位的原因。人们总是希望能够找到一条重要的途径,以便了解事物到底是什么样子的——那些伟大的头脑已经发现了一些伟大的东西,而人们则想分享他们的智慧。不幸的是(或者说幸运的是),罗蒂怀疑这一点是否可能。也许存在着某种刺破人们梦想的智慧,而人们对于自己在试图获得智慧的过程中所看到的或是没有看到的东西,也许会有很多东西想要言说。罗蒂解释说:

> 把智慧当作某种爱之所是的东西来思考的一种方式……就是把它当作参与到对话中去所必需的实践性智慧来思考。……把教化性的哲学看成是爱智慧的一种方式,也就是把它看成是防止对话堕落为一种探究、一种观念交换的努力。……教化哲学家们从来都不可能终结哲学。不过,他们却能够发挥一臂之力,有助于防止哲学走上安全稳妥的科学之路。[44]

结语

哲学一直是一项特殊性的事业。从事这项事业的人并不很多。原因或许是多种多样的。在一些人看来,哲学与自己不相关;在另一些人看来,它太遥远了;而在某些人那里,则存在着一种想要把自己与某种远比自己重要和伟大得多的东西联结起来的愿望——也就是想要成为某种宣称自己具有普遍有效性的真理体系的组成部分。对于罗蒂来说，哲学与自己是相关的；它就近在手边。不过，他又认为，那种想要成为某种更宏大的事物架构体系的组成部分的形而上学渴望，却是勇气有余、聪明不足的。哲学之所以是相关的，是因为作为知识分子，一个人应该对于塑造了他所属的那种文化的种种力量有所了解。哲学之所以是近在手边的，是因为它是社会性话语的组成部分。不过，哲学之所以是勇气有余、聪明不足的，则是因为：一旦给定了语言的限定性，我们就没有办法可以发现任何具有超越性的东西；或者说，一旦给定了语言的资源性，做出这样的宣称就是一件过分容易的事情。要么哲学性的论辩依赖于假定的直觉性预设的自我包容体系，要么一个人可以持续不断地重新定义这些预设，以期驳倒任何论辩。罗蒂的建议是：使哲学的讨论远离这些思维的模式。他不愿意展开论辩性的话语，而宁愿讲述有关个体以及他们的文化的故事。他不愿意建构体系、与科学家们展开竞争（这种做法也许可以称之为"建构通向**哲学**的路障"），而宁愿把哲学看成是一种无基础或是无中心的活动。如果哲学家有任何竞争对手的话，这些对手就是创造性的艺术家或是诗人。这种做法也许可以称之为"以罗曼蒂克的对话方式通向哲学"。

注　释：

　　① "mind"通常译为"心灵"；鉴于该词在英文以及西方哲学中主

要意指人的主观认知能力、智力、理智，本书译者觉得译为
"心智"可能更为贴切，尤其是可以体现该词与"soul"（通常
译为"灵魂"，有时也译为"心灵"）之间的区别。——译者注

② 理查德·罗蒂："导言：实用主义与哲学"，载《实用主义的后
果》（明尼阿波利斯：明尼苏达大学出版社，1982），第 XV 页。

③ 这不是根据当前时代的政治标准所做的一个陈述。在古希腊早
期思想家中，柏拉图可以说是一个罕见的例外，因为他认为，
妇女也可以成为守护者阶层的成员，所以她们也可以学习哲学。

④ 柏拉图：《理想国》，G. M. A. 格鲁布英译本，C. D. C. 里夫
修订本（印第安那波利斯：哈克特出版社，1992），475E。

⑤ 柏拉图：《理想国》，533D。

⑥ 怀特海：《过程与实在》（纽约：自由出版社，1929），第 53 页。

⑦ 在《哲学杂志》新近发表的一篇评论中，一位匿名的编辑论述
说："在最近投给《哲学杂志》的论文中，数量的很大一部分
都是有关理查德·罗蒂的观点的。我们的确也发表了其中一些
论文。它们——以及我们收到的有关罗蒂教授的几乎所有文
章——都具有高度的批判性。关于那个荒诞的假设——对于任
何一个能够引起如此广泛敌意的人，必定总会有某些话要言
说——我们只需要看一看那些赞成罗蒂的最新论文集《真理与
进步》的人们能够说些什么就够了。"（见《哲学杂志》第 73
期（1998 年 10 月），第 648—649 页。）人们可以自己做出判
断，这位编辑在他有关罗蒂这部著作的评论中，是不是设法达
到了他给自己指派的那项任务的"荒诞性"。

⑧ 理查德·罗蒂："导言：实用主义与哲学"，载《实用主义的后
果》，第 XV 页。人们可以注意到在首字母小写与大写的"哲学"
之间的微妙差异。首字母大写的"哲学"是意指罗蒂拒斥的那种

传统意义上的哲学概念（在中译本中用**宋体加黑**表示——中译者注），而首字母小写的"哲学"则是意指罗蒂对经过转型的哲学的看法（在中译本中用宋体表示——中译者注）。

⑨ 理查德·罗蒂："导言：实用主义与哲学"，载《实用主义的后果》，第 XVII 页。

⑩ 罗蒂经常被描述成一位后现代的思想家；他自己也承认，他过去曾经使用过这个术语，例如在"后现代主义的中产阶级自由主义"一文中，载《哲学杂志》第 80 期（1983 年 10 月）。不过，罗蒂最近却陈述说，他不大喜欢其他人运用这个术语的方式，而他自己则不会再使用这个术语了。见他的论文"导言：实用主义与后尼采哲学"，载《论海德格尔和其他人——哲学论文集第 2 卷》（剑桥：剑桥大学出版社，1992），第 1 页。尽管我认为"后现代"这个术语对于他从事的工作来说仍然是一种适宜的描述，但我下面将运用"后哲学"这个术语。鉴于罗蒂在 1967 年就已经使用了"后哲学"的术语，这种做法似乎也是恰当的。参见他的"分析哲学家与形而上学家是否一致？"一文，载《天主教哲学协会论文集》第 41 卷（1967），第 52 页。

⑪ 理查德·罗蒂："导言：实用主义与哲学"，载《实用主义的后果》，第 XIV 页。

⑫ 理查德·罗蒂：《哲学与自然之镜》（普林斯顿：普林斯顿大学出版社，1979），第 264 页。
本书有关《哲学与自然之镜》的译文参考了李幼蒸的中译本（北京：三联书店，1987 年版），但部分译文有所改动。——译者注

⑬ 理查德·罗蒂：《哲学与自然之镜》，第 370 页。

⑭ 理查德·罗蒂："保持哲学的纯粹性——论维特根斯坦"，载

《实用主义的后果》,第 31 页。罗蒂在他的职业生涯中一直都是哲学教授;而在 1998 年秋季,他却成为斯坦福大学的比较文学教授。

⑮ 理查德·罗蒂:"保持哲学的纯粹性——论维特根斯坦",载《实用主义的后果》,第 29 页。

⑯ 理查德·罗蒂:"还原主义的限制",载《经验、存在和善——纪念保罗·韦斯论文集》,厄文·里布编(卡本代尔:南伊利诺斯出版社,1961),第 111 页。

⑰ 理查德·罗蒂:"实用主义、范畴与语言",载《哲学评论》第 70 期(1961),第 219 页。

⑱ 理查德·罗蒂:"还原主义的限制",载《经验、存在和善——纪念保罗·韦斯论文集》,第 112 页。

⑲ 理查德·罗蒂:"还原主义的限制",载《经验、存在和善——纪念保罗·韦斯论文集》,第 114 页。

⑳ 理查德·罗蒂:"新近的元哲学",载《形而上学评论》第 15 期(1961),第 301 页。

㉑ 理查德·罗蒂:《偶然性、反讽性与亲和性》(剑桥:剑桥大学出版社,1989),第 10 页。

㉒ 理查德·罗蒂:《偶然性、反讽性与亲和性》,第 11 页。

㉓ 理查德·罗蒂:"实在主义、范畴与'语言学转向'",载《国际哲学季刊》第 2 期(1962),第 310 页。

㉔ 当然,这是一个涉及到哲学命题的问题。如果这些命题的确具有意义,这并不仅仅是因为它们做出了某些事实性的陈述。对于提出一个哲学命题来说,这一点也不一定是一个不利的条件。语词可以出于各种各样的目的加以运用——包括哲学性的语词和命题。

㉕　理查德·罗蒂:《哲学与自然之镜》,第 12 页。

㉖　理查德·罗蒂:《偶然性、反讽性与亲和性》,第 9 页。

㉗　理查德·罗蒂:《偶然性、反讽性与亲和性》,第 21 页。

㉘　理查德·罗蒂:《偶然性、反讽性与亲和性》,第 12 页。

㉙　理查德·罗蒂:《偶然性、反讽性与亲和性》,第 5 页。

㉚　路德维希·维特根斯坦:《哲学研究》第 3 版, G. E. M. 安斯
科布英译本(纽约:麦克米兰公司, 1953),第 43 节、第 49 节。

㉛　约翰·杜威:"哲学发现的需要",载《杜威论经验、自然与自
由》,理查德·伯恩斯坦编(纽约:文学艺术出版社, 1960),
第 58 页。

㉜　约翰·杜威:《追求确定性》(纽约:普特南出版社, 1929),
第 17 页。

㉝　理查德·罗蒂:"实在主义、范畴与'语言学转向'",载《国
际哲学季刊》第 2 期,第 310 页。

㉞　理查德·罗蒂:"哲学问题的偶然性——迈克尔·艾耶斯论洛
克",载《真理与进步——哲学论文集第 3 卷》(剑桥:剑桥大
学出版社, 1998),第 284 页。

㉟　虽然罗蒂的确从加达默尔那里汲取了一些观点,但是,如果我
们由此推论他们彼此完全同意对方的看法,却显然是一个错误。
他们拥有共同兴趣的地方,主要表现在他们对于启蒙运动和认
识论规划的批判上。此外,罗蒂也许还会特别赞同加达默尔的下
述观念:"那些进入语言之中的东西,并不是某种在语言之前就
被给定的东西;毋宁说,正是语词给予了自身以规定性。……就
其本性而言,人与世界之间的关系绝对是、并且在根本上是言语
性的。……"(第 475—476 页)"对于我们来说,理性只是作为
具体历史性的东西而存在着——也就是说,理性并不是它自己

的主人，而总是经常性地依赖于给定的环境。"（第 276 页）这
些引文选自加达默尔：《真理与方法》（修订版），韦恩谢默和
马歇尔英译本（纽约：十字路出版社，1989）。至于他们之间不
一致的地方，可能是在有关语言意义的问题、以及人们与哲学
传统之间的关系问题这些方面。

㊱ 理查德·罗蒂：《哲学与自然之镜》，第 359 页。

㊲ 理查德·罗蒂：《哲学与自然之镜》，第 360 页。

㊳ 理查德·罗蒂："职业化的哲学与超验主义文化"，载《实用主
义的后果》，第 62 页。

㊴ 理查德·罗蒂："克服传统：海德格尔与杜威"，载《实用主义
的后果》，第 41 页。

㊵ 理查德·罗蒂："作为一种写作的哲学——论德里达"，载《实
用主义的后果》，第 92 页。

㊶ 理查德·罗蒂："哲学的编年史——四种类型"，载《历史中的
哲学》，罗蒂、希内温德和斯金纳主编（剑桥：剑桥大学出版
社，1984），第 73 页。

㊷ 理查德·罗蒂：《哲学与自然之镜》，第 317 页。

㊸ 理查德·罗蒂：《哲学与自然之镜》，第 264 页。

㊹ 理查德·罗蒂：《哲学与自然之镜》，第 372 页。

2 心智与人性

导言

对哲学来说，有两个问题一直是最复杂、最难以理解的，这就是有关心智和人性的问题。它们既是彼此分离的，又是相互关联的，因为二者都关涉到那个可以宽泛地称之为"自我"的问题。心智的问题主要关涉到我们如何看待处在孤立之中的我们自己——也就是关涉到我们如何看待我们自己的思维和感觉；人性的问题主要关涉到我们如何看待处在与周围世界和其他人关联之中的我们自己——也就是关涉到我们如何看待我们自己的道德价值。而使有关自我的问题变得如此复杂的主要原因，就在于它与人们理解意识的那种方式之间的关联。这两个相互关联的问题在很大程度上一直吸引着罗蒂的注意力，而他对于它们的确也有许多东西想要言说。罗蒂处理这两个问题的方法，直接来源于我们在第一章里勾勒的他对于哲学所抱有的那种观念。在他有关自我的理解中具有特殊重要性的东西，仍然是他所坚持的语言学转向，也就是他提出的根本不存在前语言经验的见解。然而，如果语词就是人们必须与之打交道的一切，这将会对人们如何处理上述两个问题产生巨大的影响。这一点之所以如此重要则是因为，如果在探讨这些问题的时候，人们诉诸于某种直接的经验——某种有关存在着的东西的直觉，而不是诉诸于有关语言如何发挥效应的讨论，那么，在如何理解自我的问题上，人们就会形成很大的差异。归根结底，在探讨这两个问题的时候，所涉及的自我并不是某种抽象的对象，而是人们自己的自我本身。因此，相信下面这一点似乎是很自然（很正常？更容易？）的：既然在我们与我们自己的自我之间存在着某种密切性或是亲近性，那么就必定存在着某种直接的经验，它可以提供一些迫使人们同意的根据，以确定我们最终会怎样理解这个课题。

　　虽然大多数哲学家都同意有必要直接诉诸某种东西，但在究竟应该诉诸什么东西、以及人们可以从这种诉诸中推导出什么结论的问题上，却总是存在着各种不一致的见解。然而，罗蒂却一以贯之地拒斥任何运用直觉性的说明以求解决这个问题的做法。对他来说，那种有关我们的自我意识的亲近性的似乎是很自然或是很正常的看法，以及我们表现这种亲近性的方式，只不过反映了当前在哲学中流行的那种历史性倾向。在罗蒂看来，在我们谈论我们自己的方式中，根本没有任何永恒性的东西可言。我们只是习惯于某种词汇表；但是，如果我们直截了当地改换自己的词汇表，也不会损失任何东西。情况也许确实如此。不过，人们也许很有理由发问：通过改换我们目前在谈论"自我"问题时所运用的那个词汇表，我们是不是能够从中有所获益？

在这一章里，我将把罗蒂关于心智和人性问题的讨论分成两个部分。首先，我将考察罗蒂是如何处理身—心问题的。他在这方面的策略将会导致这个问题的消解。如果意识没有任何独特的东西可言，那么也就根本不会存在有关心智的问题了；这个问题干脆就会消失不见。其次，我将试图说明：由于采取了达尔文主义的视点，罗蒂对于人与自然的关系问题究竟言说了一些什么，以及为什么他的这些看法与他有关人类道德价值的观点是内在一致的。

鉴于罗蒂关于这些问题——意识、自我、个体等问题——的大部分讨论都是围绕他对笛卡尔的批判展开的，因此，从笛卡尔的哲学入手，显然是一个合适的起点。[①]

笛卡尔的二元论

关于人的本性的最通行的看法，或许就是那种主张人们是由肉体与心智两大部分组成、而它们又分别属于不同范畴的见解。换句话说，这两个部分在本体论上是彼此有别的。心智通常被看成是灵魂的一个属性，而灵魂则被认为是某种非质料性的实体，存在于肉体内部的某个地方。这当然是笛卡尔的看法。在《第一哲学沉思集——论上帝的存在和灵魂与肉体的区分》这部著作中，②笛卡尔讲述了他是如何得出这些结论的故事（我们下面将仅仅讨论笛卡尔得出的第二条结论③）。在他看来，身为一位哲学家，就意味着要为自己发现下面这个问题的答案：如果他的唯一资源就是他自己的思想，这能够证明一些什么？这是一个大胆而激进的步骤；因为在笛卡尔之前，哲学家们似乎满足于遵循传统的思维方式，也就是刻苦钻研过去时代的那些伟大心智。然而，笛卡尔认为，简单地接受其他人的断言，无论这些思想家的地位怎样崇高，对他来说实际上都没有任何帮助。（"我必须一劳永逸地、严肃认真地把我以前信以为真的所有那些见解统统清除出去"。④）在这个意义上说，其他人对他讲授的有关古人的任何东西都是毫无用处的。解读其他人的思想与为自己而思考根本不是一回事。对笛卡尔来说，只有一类断言才可能具有权威性，这就是他通过自己的心智所把握的东西。

笛卡尔的解决办法是：尽可能地怀疑任何东西乃至一切东西，直到最终达到某个真正能够超出怀疑阴影的信念。按照第一个沉思中的步骤，笛卡尔首先从感觉入手；但是，他紧接着就指出，感觉实际上并不合适，因为即便在睡梦中，他也还是会产生感觉经验。然后他问道：在这种情况下，他究竟是醒着呢，还是只不过梦见他在醒着？他进一步又问道：即便他是在做梦，他是不是也能够知道某种真实的东西？比如说数学？毕竟，即便他睡着了，2 加 3 还不是等于 5 吗？情况似乎确实如此；不过，这仅仅是在他能够信任他的心智可以正确地进行加法运算的条件下才是如此。然而，他真的能够信任他的思维吗？如果存在着一位仁慈而又全能的上帝、防止他陷入完全的绝望之中（这是另一个他最初以为是极其清晰的信念），他就能够信任他的思维。不过，接下来他又开始怀疑，他是不是真的能够信任上帝可以确保他的心智正确地运转呢？假如存在的不是一位善良而又全能的上帝，而是存在着某个"天才式的魔鬼，他的欺骗才能一点儿也不亚于他的强大力量……并且竭尽全力要来欺骗我"，情况又会是怎样的呢？在这个问题上，笛卡尔把他的判断悬置起来，由此结束了第一个沉思。

在第二个沉思中，笛卡尔从第一个沉思遗留下来的那个问题重新开始。他也许会被一个天才式的魔鬼所欺骗；因而，他相信是真实的一切东西也都应该被置于怀疑之中。那么，接下来的又是什么呢？他的沉思是不是已经把他引向了彻头彻尾的怀疑论死胡同？还是毕竟会有某种肯定性的东西，可以从这个令人沮丧的事实之中推论出来？笛卡尔经过推理得出的答案是肯定的。即便他被欺骗了，或者即便他去怀疑一切东西，但毕竟还有一个东西是他可以完全确定的：正是**他自己**正在被欺骗！**他自己**正是这种怀疑的主体！这样，笛卡尔就得出了一个结论：无论那个天才式的魔鬼对他的思维具有怎样巨大的影响力，这些思维依然是**他自己**的思维！"……无论那个魔鬼怎样欺骗我，他都不可能把我变成什么都不是；因为只要我在思维，我就是某种东西。这样，在认真反思和仔细考察了所有这些事情之后，我们最终必然会得出一个确定无疑的结论：每一次当我说出'我是'、'我存在'这个命题的时候，或是每一次当我在心里想到这个命题的时候，它都必定是真的。……更精确些说，我只不过是一个在思维着的东西，亦即一个心智、一个灵魂、一个理智或是一个理性。我是一个真实的东西，并且真实地存在着；但到底是一个什么东西呢？我已经给出了答案：一个在思维着的东西"。

对于我们目前的讨论来说，最重要的是笛卡尔做出这些推论的后果。由于他的其他一切怀疑都是指向物质世界的，笛卡尔就被引导着达到下面这个"发现"：他自己其实就是一个灵魂、一个非物质性的实体，这个实体拥有某些认知性的功能，其中最重要的便是理智和推理（虽然他后来也把想象、意欲、恐惧、肯定、否定等等包括进来）。于是，到此为止一切顺利。不过，他从这些看法出发又会走向哪里呢？如果这便是存在着的一切，笛卡尔就仅仅是一个陷进了自己的各种思想而不能自拔的心智。他还不得不找出一条途径，以便扩展他有关知识的整体观念。

在所有那些最普通的思想中，对于我们的理解来说极其重要的一个思想，就是有关物质对象存的思想。人们是怎样理解物质对象的呢？通常的途径是经由感官。人们看见、触摸、品味或是听到那些对象。因此，笛卡尔又回到感觉的问题上，试图弄清楚他是不是可以通过感觉了解物质对象。最初的结果是失败的。物质的对象——笛卡尔所举的例子是一块蜡——在通过感官加以考察的时候，总是会发生太多的变化。在加热的时候，蜡就会改变形状，它的颜色会发生变化，它的气味也会有所不同，等等。因此，理解物质对象是不可能通过感官的途径实现的——至少在笛卡尔沉思的这一点上，情况就是如此。不过，笛卡尔并不是一无所得。他依然是一个在思维、在推理的存在物。那么，人们是不是能够严格地只通过心智的途径去理解物质对象呢？笛卡尔的答案又是肯定的。对象是在空间中具有广延性的，这一点可以清晰确定地加以理解。这是怎样实现的呢？凭借他心智中的某种直觉。笛卡尔就这样结束了第二个沉思："可是，我终于不知不觉地回到了我原来想要回到的那一点上。这是因为，既然我现在已经很清楚地发现：严格说来，我们只有通过理智的功能、而不是通过感官或想象的功能才能认识物体，既然我们只有凭借思维才能理解物体、而不是凭借眼看或是触摸认识它们。那么，在我看来很明显的一点就是：对我来说，没有任何事情会比认识我自己的心智来得更容易。"

我想在这里中止上面这段长篇描述。对笛卡尔来说，如果他想在扩展知识方面取得进一步的进展，下一步就必须证明上帝的存在。无论如何，那个天才式的魔鬼毕竟还是一个严重的问题。只有当笛卡尔能够证明上帝的确存在、并且还是全能和善良的时候，他才能够否定那个其意图就是想要干扰他的思维正常运转的魔鬼存在的可能性。于是，在完成了这项任务之后（在第三个沉思、尤其是第五个沉思中），笛卡尔终于能够确信：虽然他的感觉并不那么完美，但在很大程度上依然是可以信任的。最后，笛卡尔在第六个沉思中得出了这样一个结论："既然我已经知道，在涉及那些对于身体来说是否有益的东西时，我的所有感官告诉我的大都是真的而不是假的，既然我几乎总是能够同时运用几个感官去考察某个特定的事物，而且，除此之外，既然我还能够运用我的记忆把过去的知识与当前的知识联结起来，以及运用我的理智去发现我所犯的错误的各种原因，那么，从今以后，我就不应该再担心我的感觉每天告诉我的那些东西是假的了。此外，我还应该把我在过去几天里所产生的一切怀疑统统抛弃掉，因为它们实际上是言过其实、荒谬绝伦的。……并且，如果在运用我的所有感官、记忆和理智考察了各种东西之后，这些东西之中的任何一个告诉我的都没有同其他东西告诉我的不相一致，那么，我就决不应该再怀疑这些东西的真实性。这是因为，既然上帝绝对不是一个骗子，从这一点必然得出的结论就是：我在这方面并没有受骗。"

那么，到现在为止我们究竟得到了一些什么呢？笛卡尔通过他的沉思，提出了一幅经典的二元论图景。他相信他已经明晰地确立了两个在本体论上截然不同的实体的存在。一方面，存在着一个在"长度、宽度或深度"上具有广延性的物质世界。这是一个无限可分的实体。另一方面，又存在着一个非物质的实体，它的属性就是进行思维和推理。它是简单的、不可分的。而且，观念就存在于心智之中。我们可以通过某种直觉性的官能，清晰确定地认识其中一些观念——也就是说，它们是直接可知的；诸如有关灵魂、外部世界和上帝存在的观念，便是如此。另外一些观念则不那么清晰，但仍然是可以信任的；诸如那些从感官得来、能使人们了解物质对象的特殊属性的观念，便是如此。这样，心智就被视为一个巨大的内心剧场，各种各样的观念在其中穿梭往来，并且由此使我们对于实在的理解成为可能。最后，没有任何东西能够比这些心智的意象更直接地被我们所认识。就像笛卡尔自己叙述的那样，"对我来说，没有任何事情会比认识我自己的心智来得更容易。"

笛卡尔的这部著作刚一发表，立即就招来了许多批评，向他的哲学方法和结论提出了挑战。这些挑战直到今天还在延续。那些欣赏笛卡尔观点的人们，往往称赞他推翻了那些过分依赖古代权威的方法，认为他为进行哲学陈述确立了一个崭新的权威基础。每一个人都可以信任他自己的心智和思维。笛卡尔对主体性的这种强调，使得每个个体都能成为他们自己内心世界的主人；这一点似乎一直都在维系着那种自我承担责任的现代精神。并且，他有关心智本性的结论似乎也是不证自明的，因为假如心智不能够脱离肉体而运转，就根本不可能存在自由意志。那些不赞同笛卡尔观点的人们，同样也是出于这些理由对他展开批评。笛卡尔对主体性的强调太过极端了。人们不可能仅仅从第一人称的立场出发从事哲学研究。哲学研究应该更接近于科学的方式；对于个人狭隘的隐私性思辩，必须能够进行人际间性的检查。其次，他的那些结论也会带来一些更严重的问题。如果心智与肉体像笛卡尔所认为的那样是彼此分离的，它们怎样才能进行合作，就将成为一个巨大的难题。这样两个在本体论上彼此分离的对象，怎么会产生相互作用呢？如果它们之间没有任何共同之处，心智就是无可挽回地与肉体分裂开来的。而且，如果心智可以脱离自然界而运转，任何意义上的一元化科学都将成为不可能的事情。但是，我们似乎没有任何理由认为：心理学不应该遵守有关自然界统一性的科学假设；或是人类拥有某种特异性的东西，而这种东西居然还可以使关于人类行为的科学解释成为可能。

对于笛卡尔的方法和结论，理查德·罗蒂所持的又是什么态度呢？他根本反对笛卡尔在哲学中所代表的一切。不过，尽管他在很大程度上赞同从科学的角度针对笛卡尔提出的那些批评，但他自己并不是一位科学思想家；他想提出的是他自己针对笛卡尔的批评。正如我在第一章里指出的那样，罗蒂不是沿着经验探究的路线前行，而是沿着语言学的路线前行。从罗蒂的语言学观点看，被视为实在主义的一种形式的科学探究，其实就像传统哲学一样具有形而上学的特征。然而，罗蒂也不是一位狂热的反科学者。理解事件之间的因果性联系，作为解决问题的一种实践性方法，毕竟也是很重要的。罗蒂指出："……像杜威这样的实用主义者，总是从理论科学家转变为工程师和社会工作者——这些人努力使人们生活得更舒适、更安全，而把科学和哲学当作实现这个目的的手段加以运用。"⑤就此而言，科学就是行动中的理智。但是，科学的描述在被视为有关实在的一幅精确图景的时候，它并不比其他类型的描述享有更多的特权。一旦以其他方式看待科学，它就会成为罗蒂称之为"科学主义"的一种形式。罗蒂解释说，"我所说的'科学主义'是指这样一种观念，它认为自然科学享有凌驾于其他文化领域之上的特权，因为在自然科学中包含着某种东西，使它要比其他任何文化活动都能够与实在保持更密切——或者至少也是更可靠——的接触。"⑥在罗蒂看来，人们应该学会不去做的一件事情，就是提供某种有关实在的科学的或是形而上学的描述。

罗蒂与心智的消失

要想理解罗蒂对于心智所持的态度，我们有必要重复在前一章论及语言学原理或是语言学转向时已经提到的一点。我们可以回忆罗蒂的下述观念："人们不可能超越语言……如果不是在某种语言之中思索，人们就根本不可能进行任何思索。"而在这一章的语境中，这个观念可以被重新表述为：并不存在什么"先于语言学习的'觉识'（awareness）。"⑦罗蒂进一步解释说，"从更具一般性的角度看，我认为，那种相信我们无论运用什么样的语词、都总是会拥有同样经

验的公认直觉，实际上只是威尔弗里德·塞拉斯称之为
'给定性神话'（the Myth of the Given）的一种残迹；它主
张觉识是在先的，而语言则必定是随之而来的，并且应该
去适合原初的觉识。这种看法的麻烦在于，'适合'是一个
空的概念。我们根本没有任何标准，可以判定某种语言对
于某个非语言性觉识的合适性"。⑧

　　在思考心智问题时，我们决不应该低估这条原理的重
要意义。无论人们是像笛卡尔那样宣称实在是由两种不同
实体构成的二元论者，还是像大多数科学家那样相信实在
是由单一的物质实体构成的一元论者，或是像罗蒂那样对
于实在的本性并不给出一个陈述的后哲学家，人们都不得
不把"觉识"纳入这场讨论之中——要么是以肯定性的方
式，要么是以否定性的方式。即便从罗蒂有关哲学的"家
族传奇"观点看，表哥笛卡尔对于人类的对话其实也做出
了很大的贡献。笛卡尔对于自我及其属性的理解，是大多
数人所持有的关于自我的标准观点。大多数人发现他们很
容易接受这样一些信念：个体既是肉体、又是灵魂，灵魂
位于肉体之中、并且是个体隐私性地拥有的。而笛卡尔的
理解在很大程度上又依赖于下面这个假设：由于心智拥有
对自身的某种觉识，心智总是独一无二的。由于这种觉识，
心智就拥有了理解某些真理——特别是那些可以保证它自
身的存在和同一性的真理——的自明性的能力。

　　毫无疑问，在传统哲学的争论中，"觉识"是一个常常
被卷入到有关身—心问题的众多讨论之中的课题。这些有

关心智的争论呈现出来的趋势之一，就是把著名的"无辨异的同一性"当作基本的原则；或者用比较容易理解的术语说，人们同样也可以把它称之为"可辨异的非同一性"原则。这条原则可以表述如下：如果人们能够辨识出一点差异，那么就根本不存在同一性。以肯定性的方式说，只有当两个东西的所有本质属性都相同的时候，它们才是同一的。这一点之所以如此重要，是因为据说人们对于自己的心智拥有某种特殊类型的"觉识"，它能使人们获得不同于有关物质事物的知识的某种特殊形式的知识。这样，这种"觉识"作为精神功能的一种属性，就将在针对一切唯物主义理论所展开的批判中发挥关键性的作用。唯物主义的一种变体，就是主张"精神状态"与"大脑状态"所指称的是同一个东西。因而，这种主张实际上就是把心智与大脑等同看待。而那些想要驳倒唯物主义的人们，就常常诉诸于"可辨异的非同一性"原则。他们认为，他们可以指出心智所具有的某些属性是不可能还原到大脑的物理状态那里去的。这样，他们就能够断定，在心智与大脑之间不可能存在同一性。结果，心智或主体性的实在性就能够得以维系。至于那些被认为是心智的本质所独有的精神属性，则包括如下一些特征：

1. 隐私性（我对我自己心智的了解——比方说，我处在痛苦之中——与其他人对我的心智的了解是有所不同的）。

2. 无误性（我对在我的心智中所发生的事情不可能产生误解）。

3. 直接性（我对在我的心智中所发生的事情可以直接把握，而不必进行推论）。

4. 内省性（为了了解在我的心智中所发生的事情，我只需要付出内省性的努力）。

5. 意向性（我可以指称或是思考那些非存在或想象的对象）。

6. 自明性（对我来说，在我的心智中所发生的事情似乎总是真实的）。

唯物主义难以被人接受的原因之一似乎就在于，绝大多数人（其中也包括许多哲学家）都认为，所有这些属性或是其中的某个属性，对于心智来说是本质性的；人们不可能在不损害可信性的前提下，轻而易举地否认它们。尽管唯物主义宣称它从科学的进步那里获得了支持，尽管它承认了自然界的统一性，尽管它认同了那条"奥卡姆剃刀"的著名原理——"如无必要，切勿增加实体"，但是，唯物主义作为对各种事件的一种一般性解释，却似乎在"觉识"这块石头面前碰了壁。绝大多数人都发现，他们难以放弃那种认为觉识是心智本性的组成部分的信念。而在唯物主义者这方面，他们也没有被这些常识性的观念所吓倒（在他们看来，这些观念似乎只是想阻挡科学前进的道路），而是依然相信：人们越是深入地研究大脑及其功能，就越是能够很快地达到一种有关人类心智是如何运作的完整解释。

至于罗蒂，他想做的事情就是：根本避免在主观主义者与唯物主义者之间展开这些争论的那种传统形式。在他看来，这些争论被赋予的那种框架结构本来就是不可接受的。罗蒂解释说："唯名论者用以考察……主客观之间区分的基本方法就是指出，在系统地阐述那种可以帮助人们获得他们想要的东西的词汇表与那种不能够做到这一点的词汇表之间存在着的区别方面，它们其实是一些会把人们引入歧途的路径。"⑨因此，作为一位实用主义者或是唯名论者，罗蒂是反二元论、反本质主义的，认为根本就不存在诸如心智的本性这一类的东西。由此出发，他认为二元论是一种糟糕的选择。不过，虽然他是同情科学和唯物主义的，但罗蒂终究还是一位语言学的实用主义者，并不认为科学提供的世界图景就是一幅最终的图景。所以，在他看来，唯物主义其实也是一种不必要的形而上学理论。罗蒂解释说："唯名论者并不认为，科学根本不可能发现某些实实在在地存在于那里的东西；毋宁说，在它看来，'实实在在地存在于那里的东西'（既包括常识性的知觉词汇表所指称的那些对象，也包括科学性的理论词汇表所指称的那些对象），只不过是指那些'我们发现谈论起来十分有用的东西。'"⑩

不过，如何看待"觉识"，依旧是一个问题。即便实用主义者或唯名论者，在思考、想象或是感受痛苦的时候，也必定会觉识到某种东西。科学也许希望凭借唯物主义理论来解释"觉识"，而罗蒂则只是试图凭借语言学的重新描述，让它消失不见。我们不妨回想一下第一章里已经提到的罗蒂语言观的另一个要点："决定我们的绝大多数哲学信念的，不是命题，而是图画；不是陈述，而是隐喻。"①把这一点与有关语言在先性的语言学原理结合在一起，人们就可以了解罗蒂下一步行进的一般性方向了。它们联结起来，就构成了一种针对笛卡尔主义有关心智的标准图景的激进态度。

尽管笛卡尔把他的"哲学沉思"看成是有关自我及其自我映射属性的一种事实性的发现，但罗蒂却把笛卡尔当作一位诗人来解读，认为他提出了一种谈论心智问题的崭新隐喻。不过，笛卡尔创造的却是一种相当缺乏想象力的类比。如果说肉体具有的是物理性的眼睛，那么可以说，心智具有的是精神性的眼睛。笛卡尔也许自以为他发现了有关他自己的心智的某种具有原创性的东西；但罗蒂却认为，笛卡尔只不过是针对怎样以一种老生常谈式的语言学方式看待自我问题提出了一种颇为无聊的建议。罗蒂并没有去反驳笛卡尔；归根结底，也没有什么东西好反驳的。作为一位实用主义者，罗蒂只不过想问：笛卡尔提出的隐喻性建议，曾经发挥了一些什么样的作用；而在这方面，罗蒂认为它其实一直都是一场灾难。这种隐喻性的建议，引发了与作为一面"自然之镜"的内心精神领域或是心智领域密切相关的一大堆毫无必要的哲学问题：有关知识的再现性观念，心智与肉体之间的问题性关系，以及有关真理的符合论理论等等。罗蒂试图暗示的是：人们不应该再对心智使用那些视觉性的隐喻，亦即不应该再认为它是在"观看"所发生的事情。罗蒂解释说："我们应该……既不是二元论者、怀疑论者、行为主义者，也不是‘同一性理论家'。我不知道如何去反驳……那些认为无误性知识是有关现象性属性的一种呈现的主张。它与其说是一种主张，不如说是对于一整套理论的简化表述，也就是围绕着作为映照自然的心智镜像而展开的一整套术语和假设；这些术语和假设共同赋予了笛卡尔有关心智是自然地‘被给与'它自身的主张以意义。假如我们想要识破贯穿整个十七世纪的那种认为我们能够通过理解我们心智的活动而理解和改进我们的认知的看法的话，我们必须抛弃的，正是这种心智镜像本身。"[12]

达到这个目的的途径之一，就是力图表明："觉识"可以重新加以描述，却又不会造成任何损失。如果人们没有它也完全可以对付，人们就可以从自己的词汇表中干脆把它划掉。罗蒂说道，"宣称‘心智'这个概念是一个模糊不清的玩艺儿、如果我们甩掉它处境会更好，也就等于是宣称：我们并没有关于心智本身的什么‘直觉'。我们并没有关于心智状态的本性的任何资料。具体地说，我们并没有可以通过内视和省察我们自身的途径获得的有关拥有心智是怎么一回事的知识。"[13]通过考察所谓"对跖人"（Antipodeans）——亦即那些生活在另一个星球上、在谈论自己的时候并不运用有关心智的术语的居民——的生活场景，人们也许就可以理解罗蒂的这一思想：

在远离我们星系的另一端，存在着一个星球，那

里居住着一些与我们相似的生物——身上没有羽毛的
两足动物；他们不仅可以建造房屋、制作炸弹，而且
也能够创作诗歌和计算机程序。这些生物并不知道他
们拥有心智。他们当然也有诸如"想要"、"打算"、
"相信"、"感到恐惧"、"觉得真棒"之类的观念。不
过，他们并不认为，这些被指称的心智状态——这些
属于某个独特种类的状态——是与"坐下来"、"得感
冒"和"性兴奋"截然不同的东西。虽然他们也运用
诸如相信、知道、需要、为宠物和机器人以及他们自
己担心这样一些观念，但是，他们并不把宠物或机器
人看成是包括在下面这些语句的意义之中的："我们大
家都相信……"或是"我们从来不去做诸如此类的事
情"。也就是说，他们只是把他们自己那个族类的成员
当作人来看待。但是，他们并不运用诸如"心智"、
"意识"、"精神"或是与此相似的概念，来说明人与非
人之间的区别。他们根本不去说明这种区别。他们干
脆就把这种区别看成是"我们"与"其他一切东西"
之间的区别。他们都相信自己具有不朽性；而一些人
甚至还相信宠物或机器人也与他们一样具有不朽性。
然而，这种不朽性并不涉及那种与肉体分离的"灵魂"
概念。这只是一个简简单单的肉身复活问题；随之而
来的就是那种在瞬间展开的分别向他们称之为供好人
居住的"天国"与供坏人居住的地下洞穴的神秘迁移。
　　因此，这个族类的语言、生活、技术和哲学在大

多数方面都与我们自己的十分相似。不过，二者之间
却存在一个重要的差异。在他们那里，神经科学和生
物化学一直都是首要的学科，并且取得了许多技术上
的突破；所以，他们的大部分对话都会涉及他们的神
经状态。当他们的孩子朝向火炉跑去的时候，母亲们
就会高喊："他的 C 纤维受刺激了。"当他们看到了某
个精巧的视觉影像的时候，他们会说："真奇怪！它能
使神经束 G—14 发生颤动；而如果我从旁边看它，却
发现它根本不是一个红色的长方形。"他们的生理学知
识已经达到这样一种程度，以至于任何人运用语言构
思出来的任何完整语句，都可以轻而易举地与某种不
难识别的神经状态关联起来。这种神经状态有时候也
会出现在孤身一人的情况下；他们在叙述这类情况的
时候会说："我突然处于 S—296 的状态之中，因此我
就把牛奶瓶扔了出去。"有时候他们还会说出这样的
话："那个东西看起来像是一头大象；但我突然想起在
这个大陆上并没有出现过大象，所以我明白了，它必
定是一头古老的乳齿象。"不过，在完全相同的情况
下，他们有时候也会说："我处在 G—412 以及 F—11
的状态中，但接下来我又处在 S—147 的状态中，所以
我明白了，它必定是一头古老的乳齿象。"[14]

我们并不是对跖人语言游戏的参与者。既然我们自己
的文化并没有提供一种方法，把对跖人的谈话方式教给我

们自己的年轻一代，那么，这种方式也不大可能成为衡量
我们谈论自己的方式的一个崭新标准。首要的问题在于：
询问这种方式是不是具有意义。而在这方面，这种方式看
起来似乎是内在一致的。如果对跖人在经过训练之后只是
谈论他们的神经状态而不是心智状态，他们的词汇表也将
只是包括那些由这类名词和形容词所构成的语词和语句。
罗蒂有关这个问题的全部描述的目的，并不是要让我们像
对跖人那样言说，而是要使我们中的某些人回忆起、使我
们中的许多人弄明白、以及使我们中的其他人去思考那些
已经嵌入在我们自己言说心智状态的方式之中的那些假设。
进一步看，这些假设其实是各种历史性力量的结果、特别
是笛卡尔主义在哲学中兴起的结果；正是所有这些因素，
导致了我们的心智言说方式的偶然形成。在罗蒂看来，那
些附着于某种非物质实体的心智谓语并不是必不可少的。
毫无疑问，这种言说方式已经逐渐变成了一种似乎是"正
常的"言说方式。不过，这只是意味着大多数人都以这样
一种方式言说而已。问题在于把"正常的"错误地当成了
"本质性的"。

前面我曾列举了一些被假定是构成了心智属性的特征。
（当然，这种列举并不意味着它们是可穷尽的；不过，它们
的确是一组常常被用来指称心智所独有的最重要特征的一
般性概念。）表面看来，对于唯物主义的理论来说，或者对
于那种认为有关心智状态的命题可以依据有关大脑状态的
术语予以解释，甚至可以译读成有关大脑状态的术语的观

点来说，这些特征似乎构成了一块实实在在的绊脚石。问题主要在于，人们用来描述心智状态的那些术语，似乎具有一种特殊的意义，指称着某种不可能译读成客观性术语的主观性经验。罗蒂也同意，对于科学来说，这的确是一个问题。他的观点是：只要人们严肃认真地对待这些主观性经验，科学就会面临上述问题，因为这些经验并不是可以轻而易举地加以译解的。然而，罗蒂的立场恰恰是：我们不必严肃认真地对待它们，倒不如把它们视为某种可以规避的有关心智的形而上学图景的残余。如果罗蒂的观点是言之成理的，对跖人就无须提出任何有关他们心智状态的命题，而代之以仅仅谈论他们的大脑状态。这样，我们也许就应该来看一下，对于大多数人都相信是无法还原到大脑状态（或是无法经由机智的描述予以消除?）的那些特征，罗蒂究竟是怎样言说的。

1. 隐私性。依据标准的主观主义观点，那种对于一个人自己经历到的痛苦的感受，总是被认为具有某种无法避免的隐私性。这些感受只有那个经历了这种痛苦的人才能够知道，而不可能为其他任何人所知道。

下面是罗蒂关于这种隐私性的重新描述：

> 痛苦……（只是）有关某种语言游戏的评述。这种评述就是：我们拥有某种规约，可以把人们运用的某些语词当作是有关他们自己所感受到的那些东西的表述。从这种语言游戏的观点看，一个人感受到了他

自认为感受到的某个东西这一事实，并不比下面这些事实具有更多的本体论意义：宪法就是最高法院认为它所是的那个东西，或者假如裁判认为某个球犯规了，那么它就是犯规了。……（它）仅仅是这样一种特征：其属性依赖于有关语境的某种知识，而不是依赖于当下的可观察性。⑮

2. 无误性。依据有关心智的标准的主观主义观点，一个人总是被假定不会弄错他相信在他的心智之中所发生的事情。因此，如果一个人很愤怒、很困惑、或者是在思考、想象、希望、怀疑，他是不会误解他处在其中的那种主观状态的。

下面是罗蒂关于这种无误性的重新描述：

我建议我们放弃这样一种观念：由于拥有与某种特殊种类的对象（也就是所谓的"心智对象"）的特殊关联，我们可以拥有无误性的知识。⑯

我把（所谓的无误性）看成是一种属于社交实践的东西（也就是其他人对待认知者本人的那种方式）。⑰

仅仅通过讲述人们是怎样逐步地发展出语言以及他们所遵循的那些惯例的故事……内心状态的……真理……就是可以解释的。⑱

3. 直接性。依据有关心智的标准的主观主义观点，一个人总是被假定可以直接进入他自己的主观状态。一个人拥有的关于他自己的主观状态的知识，不是从其他前提那里推论出来的。一个人或许只有通过别人的语言和行为，才能对别人的心智状态做出判断；不过，他对于自己的心智状态，却是可以直接认知的。

下面是罗蒂关于这种直接性的重新描述：

> 的确，"直接性的知识"肯定拥有它自身的一席之地。它就是这样一种知识，其所有者没有通过任何有意识的推论就获得了它。但这并不等于说：某些实体就特别适宜于以这种方式被认知。我们无须通过推论就可以直接认知的东西，总是那些我们碰巧很熟悉的东西。……对跖人并不认为，在原初的感觉中，包含着某种形而上学的、或是幽灵般的可疑东西；他们也看不出不去谈论人们的神经、而是谈论这类东西究竟有什么意义。⑲

4. 内省性。依据有关心智的标准的主观主义观点，有关一个人自身心智状态的知识，总是被假定通过内向性地引导这个人的注意力而获得的。

下面是罗蒂关于这种内省性的重新描述：

> ……我们关于我们内心世界究竟是什么样子的知识，并不比我们关于外部世界中事物究竟是什么样子

的知识来得更"直接"一些、或是更具有"直觉性"一些。……我们通过内省心智状态的途径了解到的"心智本性",并不比我们通过触摸桌子的途径了解到的"物质本性"更多一些。了解到某个东西的本性,并不是把它摆到心智面前去直觉它,而是能够对它说出一大堆真的命题。[20]

5. 意向性。依据有关心智的标准的主观主义观点,心智总是被假定为拥有某种能够思考和意指(refer to)那些非存在的事物的属性。人们可以针对想象的对象提出一些命题,这些命题显然不同于那些针对现实的对象提出的命题。这种意向性的能力就赋予了心智以一种特殊的属性;因而,它也就构成了一种特殊类型的知识。

下面是罗蒂关于这种意向性的重新描述:

"意指"(refer)这个术语的意思有些含混不清。它或者是指在某个表述与实在的另外某个部分之间存在着一种事实性的关系,无论是不是有人知道这种关系;或者是指在某个表述与某个非存在的对象之间存在着一种纯粹"意向性的"关系。我们可以把前者称之为"指称"(reference),而把后者称之为"谈论"(talking about)。我们不可能指称福尔摩斯,但我们可以谈论他。……"谈论"是一种常识性的概念……(它的)范围既包括虚构的东西,也包括实在的东西。[21]

> 对于维特根斯坦来说，使某些事物具有……意向性的那种东西，就是这些事物在一个更大的语境之中——也就是在与许多其他可见事物的互动之中——所扮演的角色。[22]

6. 自明性。依据有关心智的标准的主观主义观点，某些信念被认为是如此地清晰确定、如此直接地呈现在心智面前的，以至于这个性质可以成为真理的一个标准。某些与心智自身相关的信念就是不证自明地为真的。一个人不可能在他所知道的这些信念上出错。

下面是罗蒂关于这种自明性的重新描述：

> 我们已经了解了有关知识本性的一切东西；但是，我们并没有发现任何有关心智的全新的或是深层的东西。把知识看作是愿意针对某个东西说出一些真的语句、而不是依据"熟知"（acquaintance）的隐喻来理解它——或者说，把我们关于对象的知识看成是与我们关于这些对象的命题所具有的真值的知识相等同的、而不是看作是后一种知识的前语言条件，就能够促使我们在思考中不再把我们自己分割成两半——心智的一半与肉体的一半。[23]

作为这一节的结束，我想针对罗蒂希望通过他对心智术语的重新描述试图达到的目的进行一些评论。从根本上

说，罗蒂的意图就是简简单单地使作为一个哲学范畴的
"心智"消失不见。诚然，心智是不大可能从有关人类的日
常话语中消失不见的；不过，这是另一个有所不同的问题。
人们可以随心所欲地运用任何一种容易方便的方式来描述
自己。但是，哲学家们一直都是把心智当作一个独立于科
学的主题加以探讨的。至于把各种事物区分为内部的与外
部的，似乎也是一种合适的方式。如果外部事物是以空间、
时间和因果性这些属性作为特征的，那么，也就必定存在
着一系列可以适用于具有上面列举的那些特征的内部事物
的属性。而且，做出下面这种假定似乎也是十分自然的：
观念、信念和思想出现在心智内部；而身为一位哲学家，
就负有某种独特的责任来保护这些心智的属性，以免它们
最终被消解为一大堆原子。罗蒂的批评正是指向这种主张
的。严格说来，罗蒂为了达到这一目的所采取的战略，并
不是简单地否认心智的存在。归根结底，根据他的语言观
及其在哲学上所产生的后果，根本就没有什么东西需要加
以否认。其实，在谈论心智的时候，存在着各种可供任意
选择的隐喻。问题只是在于：笛卡尔以及其他人太过认真
地把他有关灵魂的视觉性隐喻，当成一种考察灵魂自身状
态的内心景象了。罗蒂只是试图表明：如果不诉诸于那些
有关心智状态的术语，从事哲学活动将是怎样一种情况。
他解释说："我想说明的是，这样做的最后结果……不是给
我们提供一种有关'心智的本性'或是'我们有关心智的
概念'的更加清晰的观念，而仅仅是使我们能够放弃那种

试图找到心智领域的真实本质的努力。我们只要认识到当笛卡尔宣称'对于心智来说，没有任何东西能比它自身更容易认识'[24]的时候他是弄错了，就可以不再受到这种努力的束缚。揭穿这种有关直接觉识的笛卡尔式观念的华而不实，并不是某种针对心智的更好的哲学理解的结果。毋宁说，它只是我们不再去追求某种'针对心智的更好的哲学理解'的原因，是我们不再提出某些糟糕问题的原因。"[25]

语言性的人

心智的本性问题在其中扮演着重要哲学角色的另一个领域，就是关于人的本性的解释。无论是凭借宗教性的术语、还是凭借严格意义上的世俗性术语，人们通常都是试图以把他们与大自然的其余部分，尤其是与田野上的那些野兽区分开来的方式来解释自己的。动物性作为一个贬义词，其特征就是依赖于强壮的肉体性力量。而作为人，也就是拥有思维和理性的心智属性；这就意味着人拥有一个灵魂。作为人，就是在种类上——而不是在程度上——有别于大自然的其余部分。那种更适合于人类尊严的东西就在于：一个人的心智和灵魂赋予了他以一种远远高于低级动物的状态。后者的兽性使它们的生存更辛苦、更艰难。无论把它看成是一位仁慈的神灵的赐予，还是把它简单地看成是实在本身结构的组成部分，拥有心智都是某种可以使人类有权利感到骄傲自豪的东西。位于自然的顶端，人类可以向下俯瞰，感觉自己十分重要。而整个大自然就是等待着人们去主宰和控制的一个场景。同时，假如人们没有心智和理性的话，认知普遍性的真理、接受永恒价值的指导——更不必说获得某种不朽的生命——的机会，都将被看成是处在受到威胁的危险境地之中。于是，心智就被看成是人性的本质因素，它为人性提供了一种超越性的特征，这种特征又把人类提升到主宰较低级生物的主人地位，而不能被还原到肉体性的属性那里。

毫不奇怪，任何不给心智留下一席之地的哲学视点，都会面临诸如此类的强大阻力。自然科学中的达尔文进化论，就向人类展示了这样一种视点。达尔文（至少）是在三个基点上公然冒犯了假定的人类尊严。第一个基点是：大自然借以运转的机制，只是某种随机性的突变。各种生物总是以复制的方式进行同类繁衍；然而，后代却会周期性地不同于它们的祖先。如果这些拥有崭新变异的生物能够适应环境、生存下来，它们就会繁殖同类的后代，直到新的突变产生。这种周期性的不规则现象，就把一种随机性的因素引入到进化的机制之中。这种随机性在哲学上的重要意义在于：它排除了任何为人设定的普遍性目的。对于人类来说，不再存在着任何确定的方向可以引导他们的生活。人类只是某个无计划的基因偶发事件的结果。第二个基点是：达尔文主义消解了人与动物之间的鸿沟。把人类与较低级生物分离开来的那种差异，不再是种类上的、而只是程度上的。无论人们怎样凭借他们凌驾于简单生物之上的主宰地位而感到骄傲自豪，这种骄傲自豪都只不过是一种自恋的幻象。第三个基点是：对于整个自然界来说，只存在一个系列的物质规律。那种认为人类并不适合于同一类解释原则的信念遭到了拒斥。那种认为心智由于其内在之光的指引而在自然界占据着独一无二的位置的观念，现在被当作是荒谬愚蠢的。毫无疑问，人类在行为方面是更为复杂的；不过，这并不是因为他们拥有一个由其自身具有的自明性真理所推动的灵魂。于是，理性主义者、唯心主义者和有神论者，都感到特别有必要与这样一种还原主义的观点展开论战。

不过，罗蒂和其他实用主义者，并不把达尔文主义或某种有关人类的彻头彻尾的自然主义理解，看成是一种特殊的虚无主义威胁。他们把作为某种独立实体的心智的丧失以及随之而来的对于为人设立的确定目的的拒斥，看成是与对人类价值的尊敬内在一致的。罗蒂解释说："达尔文只是以这样一种方式告诉我们，我们对于自己在自然界的位置究竟需要知道一些什么——因为需要加以解释的只是我们的**行为**。一旦我们了解了有关我们行为的一切东西，我们就将自然而然地了解有关我们的本性以及在自然界的位置的一切东西。"[20] "我们坚持认为，我们的道德尊严——我们的道德义务感和道德权利感，我们关于我们这个族类的独一无二性的观念——是与科学解释的普在性彼此兼容的；这种普在性就在于：在科学已经发现或是将会发现的有关我们自己的东西之外，再也没有什么更多的东西需要发现的了。我们要论证的就是：我们的道德价值感不应该依赖于某种有关我们真实本质的神学的或是哲学的说明。"⑳

当然，对于罗蒂来说，接受某种有关我们行为的科学的和达尔文式的说明，并不是故事的结局；它仅仅是一个开端。这恰恰是因为：我们说人类不拥有某种真实的本质（某种深深地内在于我们、可以作为一种共同的本性加以发现、并且能够知道我们趋向于某个确定目标的东西），并不意味着人类根本就不可能从事任何行为。如果毕竟存在着某种我们与其他人一起分有的、类似于公分母那样的东西，它就是运用理智和语言的能力。我们在功能上也许与其他动物相似，但人类却是社会性和符号性的动物。罗蒂陈述说："目前，我们可以从理智方面描述我们与野兽之间存在的鸿沟；但这并不是因为我们拥有某种额外的能力，而只是因为我们是以一种复杂得多的特定方式从事行为的，诸如展示**语言性的**行为……"㉓

我在上面说过，在罗蒂看来，有关人类行为的自然主义解释，并没有对人类的尊严构成任何威胁，而只不过是以一种消极性的方式陈述事实。但在另一方面，罗蒂却把他自己的语言实用主义观念看成是一种解放性的力量。罗蒂解释说："……我们要论证的是，当我们了解了我们在自然界的位置的时候，我们还只是刚刚开始。这是因为，在那种对于预言和控制有用的词汇表——也就是自然科学的词汇表——之外，还存在着其他类型的词汇表——有关我们自己的道德生活、政治生活和艺术生活的词汇表，有关所有那些不是旨在进行预言和控制、而是试图向我们提供对于我们这个族类来说具有典型性的自我形象的人类活动的词汇表……我们是诗意的族类，这个族类可以通过改变它的行为——特别是通过改变它的语言行为、改变它所运用的那些语词——来改变自身。这种能力不需要通过发现被称之为‘心智’的某种东西的本性来加以解释，就像它不需要通过发现被称之为‘上帝’的某种东西的本性来加以解释一样。……我们不需要任何比我们对自己的诗意性力量的自信心更多的东西。"㉙

这样，罗蒂就成为某种浪漫个体主义的拥护者。这种浪漫个体主义是一种人本主义哲学，因为它强调了下述信念：人类不需要去追求某些更高的或是内心的原理作为自己的支柱；人类完全可以凭借自己的力量繁荣昌盛。而使得罗蒂在人本主义者中间也显得与众不同的东西就是：他既接受了自然主义的观念，也接受了浪漫主义的观念。从表面上看，这似乎是一种不同寻常的观念结合。前者通常都被看成是一种对待事物的现实的、科学的态度；而后者通常都被看成是一种模糊的、富于灵感的诗意世界观。不过，罗蒂并没有受到那些把事物严格区分开来的传统方式的影响。在他从事哲学工作的方式中，原创性是一种比狭隘的一致性更重要的价值。因此，一方面，在他针对理性主义、唯心主义和神本主义展开的批判中，他是科学式的；也就是说，如果人们想要拥有那种可以得到他们想要得到的东西的控制性力量的话，科学的解释就是最佳的方法。

不过，另一方面，他的工具主义观念也没有在科学的方法那里终结自身。罗蒂转向语言就是一种无法以科学的术语加以解释的力量，这种力量赋予了他的哲学视点以一种创造和诗意的维度。正如他自己指出的那样，他是这样一种哲学家，"这种哲学家不是把自己看成是物理学家的同盟军，而是把自己看成是诗人们的同盟军"。㉚

结语

从某种意义上说，哲学可以看成是思想的艺术；然而，一切理智的活动都包含着思想。历史学家、经济学家、物理学家、数学家等等都是知识分子；因此，不言而喻的是，他们都在思想。而那种总是使哲学显得与众不同的东西就是：试图思想"思想"。这一点曾经引导着哲学家们努力去询问各种有关思想的条件的问题。而这一点反过来似乎又通向了下面这种信念：思想必定发生在某个处所，而心智就被看作是所有的思想得以发生的处所所在。因此，哲学家们一直都感到有必要去理解心智的本性以及它的基本属性。例如，笛卡尔就留下了内心反思这一遗产。他把心智看作是一种自在的实体；而这种实体的主要属性，就是自我反思以及那种认知有关它自身的真理的力量。在罗蒂看来，试图把思想与某个分离的实体联结起来的全部努力，只是导致了哲学所经历的那一系列不幸的厄运。它导致了那种把心智看作是可以考察其自身本性的呈现的"内心之眼"的观念；而这一点反过来又导致了关于怎样理解这个过程的一系列问题。但是，正如罗蒂所认为的那样，这只不过是错误地把某个隐喻当作是实在了。同时，正如他所认为的那样，解决这个难题的方式就是：不再沿着这种特殊的思路提问。人们并不能证明根本就不存在心智；而罗蒂也没有试图这样做。摆脱这个难题的最简单的方法，就是根本不去谈论心智、让它消失不见。在这样做之后，人们依然还会拥有所有必需的语言学资源，足以使他们去讲述一个有关人类及其在自然界中的位置的有趣故事。在罗蒂看来，这就是人们能够向哲学要求的一切。

注 释：

① 在笛卡尔之前是否就已经存在着身—心关系的问题（这是罗蒂推测的一种有关哲学史的解读），是一个与此相分离（然而又是有趣的）课题。要了解罗蒂有关这个问题的看法，请参阅《哲学与自然之镜》第一章："心智的发明"。

② 笛卡尔：《第一哲学沉思集——论上帝的存在和灵魂与肉体的区分》，哈尔丹和罗斯英译本（伦敦：剑桥大学出版社，1911）。

③ 罗蒂并没有为那些可能感兴趣的人们提供有关上帝存在问题的详细讨论。首先，我并不认为，他会被那些有关上帝存在的传统证明——宇宙论、目的论或是本体论的证明——所说服。其次，按照罗蒂有关语言学转向的观点，上帝作为一个外在于任何语言学的范畴、并且等待着人们去发现的实体（对于一个永恒的存在来说、尤其是对于作为造物主的上帝来说，这是一些必不可少的规定），其实是不可能存在的。第三，对于信徒来说

不可或缺的信仰是不是能够在没有实际信仰对象存在的前提下
得以维系的问题，实际上是一个取决于"信仰"在某种宗教的
具体语境中究竟意指什么的开放性问题。第四，"信仰"可以是
某种语言游戏的组成部分，哪怕这种宗教语言游戏的参与者不
能确信上帝到底是不是存在；不过，它并不是罗蒂自己参与其
中的那种语言游戏。第五，罗蒂自己参与其中的那种语言游戏，
是一种彻头彻尾的人本主义游戏；因而，从这个视点看，谈论
"上帝"也没有什么意义。事实上，罗蒂认为，意欲与某种永恒
的或是持久的东西保持接触，这本身就是一个严重的错误。至
于他关于宗教问题的最接近于某种详细讨论的论述，请参阅他
的论文"宗教信仰、理智责任与浪漫故事"，载《实用主义、
新实用主义与宗教》，哈德维克和克罗斯拜编（纽约：彼得·朗
出版社，1997），第3—21页。这篇论文讨论了威廉·詹姆士有
关宗教的观点，因此也被收入路斯·普特南主编的《威廉·詹
姆士的剑桥指南》一书（剑桥：剑桥大学出版社，1997；第
84—102页）。

④ 见笛卡尔的第一个沉思。同时也可以参见他的《方法谈》第一
部分："我从童年时代起，就一直受到文学的滋养；既然我被给
予了这样一种信念——以它们为工具，人们就可以获得有关对
于生活来说有用的一切东西的清晰确定的知识，我就拥有了一
个极端的愿望，想要接受训练和指导。但是，在我完成全部学
业之后（在这个时候，人们通常都会被接纳进有学识的人的行
列之中），我却立即从根本上改变了我的看法。这是因为，我尴
尬地发现自己拥有如此之多的疑惑和错误，以至于在我看来，
那些训练和指导我的自我的努力似乎只有一个后果：我越来越
发现我自己的无知。然而，我却是在欧洲最著名的一所学校里

学习的呀。"

⑤ 理查德·罗蒂:"作为科学、隐喻和政治的哲学",载《论海德格尔和其他人——哲学论文集第 2 卷》(剑桥:剑桥大学出版社,1991),第 9 页。

⑥ 理查德·罗蒂:"位于黑格尔与达尔文之间的杜威",载《真理与进步——哲学论文集第 3 卷》(剑桥:剑桥大学出版社,1998),第 294 页。

⑦ 理查德·罗蒂:"身心同一性、隐私性与范畴",载《形而上学评论》第 19 期 (1965),第 40 页。我的有关说明是以下面这个论点为基础的:在罗蒂的早期思想与晚期思想之间,几乎不存在什么差异。尽管罗蒂在晚期著作《哲学与自然之镜》(1979)中曾经指出,他改变了他过去有关唯物主义的观点(参见第118—119页),但他并没有根本否认他有关身心问题的早期看法。因此,按照我对罗蒂的解读,这种改变是很小的。其间的差异似乎可以看成是:在早期著作中,罗蒂试图提出一种唯物主义的理论——也就是"消解性的唯物主义"(Eliminative Materialism),以反对那种"同一性的唯物主义"(Identity materialism)。后者在理论上主张:当人们论及心智状态的时候,他们实际上所论及的也就是大脑状态。罗蒂早先认为,唯物主义的这种特殊形式存在着一些难以摆脱的内在问题,特别是在人们怎样才能把心智性的术语译解成物理性的术语或是中立性的习语方面。于是,他当时提出了一种观点,认为人们应当直截了当地甩掉或是消除心智性的东西,这样就会只剩下一件可以谈论的东西——这就是物理的或是大脑的状态。而在《哲学与自然之镜》中,罗蒂对于提出一种唯物主义的理论或是其他任何类型的**哲学**理论却似乎都不再感兴趣了。他所提出的只是一种

谈论人类的方式，而这种谈论方式恰恰不去谈论什么心智。

⑧ 理查德·罗蒂："捍卫消解性的唯物主义"，载《形而上学评论》第 24 期（1970），第 118 页。

⑨ 理查德·罗蒂："当代心智哲学"，载《综合》第 53 期（1982），第 339 页。

⑩ 理查德·罗蒂："当代心智哲学"，载《综合》第 53 期（1982），第 348 页，注 26。

⑪ 理查德·罗蒂：《哲学与自然之镜》，第 12 页。

⑫ 理查德·罗蒂：《哲学与自然之镜》，第 97 页。

⑬ 理查德·罗蒂："当代心智哲学"，载《综合》第 53 期（1982），第 325 页。

⑭ 理查德·罗蒂：《哲学与自然之镜》，第 70—72 页。

⑮ 理查德·罗蒂：《哲学与自然之镜》，第 32 页。

⑯ 理查德·罗蒂：《哲学与自然之镜》，第 95 页。

⑰ 理查德·罗蒂："丹纳特论觉识"，载《哲学研究》第 23 期（1972），第 154 页。

⑱ 理查德·罗蒂："丹纳特论觉识"，载《哲学研究》第 23 期（1972），第 160 页。

⑲ 理查德·罗蒂：《哲学与自然之镜》，第 106 页。

⑳ 理查德·罗蒂：《哲学与自然之镜》，第 330—331 页。

㉑ 理查德·罗蒂：《哲学与自然之镜》，第 289 页。

㉒ 理查德·罗蒂：《哲学与自然之镜》，第 27 页。

㉓ 理查德·罗蒂："当代心智哲学"，载《综合》第 53 期（1982），第 331—332 页。

㉔ 哈尔丹和罗斯把这句话译为："对我来说，没有任何事情会比认识我自己的心智来得更容易。"

㉕　理查德·罗蒂："当代心智哲学"，载《综合》第 53 期（1982），
　　第 337 页。

㉖　理查德·罗蒂："当代心智哲学"，载《综合》第 53 期（1982），
　　第 332 页。

㉗　理查德·罗蒂："当代心智哲学"，载《综合》第 53 期（1982），
　　第 346 页。

㉘　理查德·罗蒂："当代心智哲学"，载《综合》第 53 期（1982），
　　第 332 页。

㉙　理查德·罗蒂："当代心智哲学"，载《综合》第 53 期（1982），
　　第 346 页。

㉚　理查德·罗蒂：《偶然性、反讽性与亲和性》（剑桥：剑桥大学
　　出版社，1989），第 8 页。

3 自我与道德

.

导言

    在上一章的结语部分，我曾经提到：在罗蒂看来，人们能够从哲学那里——或者说从罗蒂认为的后哲学文化背景下的理智生活那里——期望得到的东西之一，就是理解人们在拥有了语言学资源之后，能够怎样讲述有关他们自身的有趣故事。而在这里，我们不妨再次陈述一下前面已经提到的罗蒂有关哲学的观念的一个要点：作为论辩性话语的哲学，应该在某种后哲学文化的背景之中，被叙事性的话语所取代。理性的证明应该给创造性的洞见让路。在罗蒂看来这样一种从事哲学工作的方式究竟是怎样的，将会成为下面两章的关注焦点。这一章将要讲述的故事，是有关自我和道德问题的。即便根本没有心智、意识或真实的自我需要我们发现，按照上一章结尾的说法，人类依然还需要一幅有关自我的形象。因此，罗蒂想要讲述的故事之一，就是有关个体如何在人格层面上思考他们自己的故事。在下一章里，我将会考察另外一个故事，罗蒂认为这个故事对于处在社会层面上的个体是有用的。对于罗蒂来说，把这两个故事分离开来是十分重要的。罗蒂希望维持隐私性与公共性之间的严格区别；而这种把有关人们生活的故事分成两半的方式，无疑是他的最受争议的主张之一。我将在下一章里讨论这些争议。下面我要做的仅仅是讨论有关隐私性道德的故事。

不过，要想讲述一个有趣的故事，人们毕竟不可能从零开始。因此，一个最好的出发点，就是从当下流行的那些故事起步。既然我们当下流行的有关个体和社会的文化故事大都是从一种哲学的观点出发讲述的，而它们大多又是围绕着启蒙运动的理想展开的，那么，探讨罗蒂有关道德的故事的方法之一，就是考察康德讲述的那个有关启蒙运动和道德的故事。从罗蒂的观点看，"……启蒙思想曾经正确地主张：那些能够接替宗教的东西将会是更好的东西。而实用主义者则可以打包票说：那些能够接替启蒙运动所导致的'科学的'、实证主义文化的东西，将会是更好的东西"。①

康德式的道德

康德究竟想从道德准则中得到一些什么东西呢？从根

本上说，他要做的就是：提供一种有关道德规律怎样才能以普遍术语加以理解的哲学解释。实际上，康德理解道德的那种方式（毫无疑问，它也是许多道德主义者理解道德要求的方式），必定是这样一种方式：对于每一个人以及对于某个"一般的人"（everyman）来说，道德应该是同一的。我所说的"一般的人"，是指那种被抽去了一切特殊性文化—社会关联的人，那种只具有一般类特征的人。康德的假设是：存在着某种像共同人性这样的东西；而这种共同的人性又是植根于下面这条原理之中的：我们有关人性的知识超越了特殊性的东西。也就是说，如果去掉了历史、文化、语言、社会影响等方面的一切特殊性特征（这些特征就构成了某个个体的人格属性），那么，剩下的就将是某种深层和永恒的东西，这些东西则构成了所谓的人性；而在康德看来，这种人性也就是理性的个体。因此，如果存在着某种真正具有普遍性的道德准则的话，它就不得不在这种类的一般性层面上要求每个个体予以遵守。

这一点也就是康德为什么会认为人类学的研究对于伦理学研究来说毫无助益的原因。人类学的研究能够告诉人们的唯一东西就是：不同的文化是怎样在事实上为它们的成员指定各种伦理规则的；但它却不能够告诉人们：所有的人究竟应当做些什么。要想从这种随不同社会而不同的相对状况，转移到那种无论在什么时间、什么地点对于所有个体来说都具有效力的道德要求那里，我们就需要达到一个只有形而上学才能提供的理智一般性的层面之上。康德陈述说："每个人都必须承认，一条规律如果被认为是道德的——也就是说，如果它被认为是义务的根据，它自身就一定包含着绝对的必然性。因此，每个人都必须承认，'你不应该说谎'这条诫律并不只是对于人类来说才具有效力，仿佛其他的理性存在者无须去遵守它一样。其他所有的真正道德规律也是如此。因此，每个人都必须承认，义务的根据不可能在……他们所处的具体环境中去寻找，而是完全应当先天性地在纯粹理性的概念中去寻找。"②

康德是如何想象他能够对这种一般性的伦理层面展开解释的呢？答案之一也许就是，康德并没有接受下面这种解释：对普遍性的诉求来源于一种神圣诫律的理论，或者说来源于一种植根于某位神灵的审慎关注之中的道德理论。换句话说，这种解释认为：为伦理普遍性提供基础的方法之一，就是接受那种相信有一位仁慈的造物主——上帝存在的信念。接受这样一种信念，便能够允许人们宣称上帝是人类之父；因此，人们便能够把所有的人都看作是上帝的子女。这样一来，人类的一般性特征就不会是康德所说的那种理性的人性，而是人类在起源上的共同性。由此出发，也就可以自然而然地把灵魂看作是人类一般特征的典范模式，并且确立起对道德的普遍性需要。于是，人们就能够因此主张：人类是一群兄弟姐妹；所有的上帝子女，无论他们存在于什么地方、什么时代，都处在同样的诫律支配之下。每个个体都有义务遵循同样的道德律法。而这种看法就会与《新约》中的告诫——"主并不偏待人"（《歌罗西书》

3：25）——内在一致。无论地位高低、是贫是富，上帝把每一个人都同等地视为他的律法治下的臣民。

然而，康德不可能接受这种选择。首先，作为一位哲学家，他并不认为上帝的存在是一个需要证明的主题。在他的《纯粹理性批判》中，康德反驳了每一种有关上帝存在的证明；第二，假如上帝为人类制定了种种诫律，那么，这些诫律就必须通过某种超自然的启示途径提交给人类，而这种类型的神奇干预却是与科学的世界观——也就是那种康德认为对于正确地理解物质世界来说必不可少的世界观——不一致的；第三，无论这些主张是以什么样的方式编纂成法典的，不把这些文本看成是某个特殊民族的文化遗产的一个组成部分，从历史性的角度看都是不精确的；因而，它们不会与康德有关普遍性的观念内在一致；第四，如果认为道德仅仅在于服从某个更强大的力量，这也会导致一个丧失自律的问题；而注重道德自律正是启蒙思想的一个重要特征。做上帝的仆人、服从上帝的意志，归根结底仍然只是一个仆人，而这种状况恰恰被看成是自我承担责任和成熟的丧失。康德说，"启蒙运动就是人类脱离那种自己加给自己的不成熟状态。而所谓不成熟的状态，就是不能够在没有他者的指导下运用自己的理智的状态。如果造成这种不成熟的原因不是在于缺失理智，而是在于没有他者的指导就缺失运用理智的决心和勇气，那么，这种不成熟的状态就是自己加给自己的。'要敢于去认知！'——'拿出勇气来运用你自己的理智'，这就是启蒙运动的座右铭"。③

　　最后，从康德主义的视点看，这种神圣诫律的理论还
存在另外一个问题。这涉及到康德对于任何有关道德行为
的功利主义或是后果主义评判的拒斥。在康德看来，道德
行为不应该根据它们的结果或后果来评判，而是应该依据
行为者与特定诫律的相关意图来评判。对于某个行为来说，
必定存在着某种纯粹的意图；这个行为只有因为这一意图
才是值得赞赏的。然而，从神圣诫律的理论的角度看，在
思考某个人与上帝的关系时不去思考相关的后果，却是十
分困难的。当然，人们有可能仅仅出于对全能上帝的敬畏
而遵循上帝的诫律。不过，更可能的情况是，人们是由于
某种涉及"成本—收益"分析的驱使，才去从事某种行为
的。在大多数宗教的理论架构之内，上帝都被认为拥有一
个位格。除了是一位立法者之外，上帝也被认为拥有针对
人类的某些态度。例如，他或者被描述成拥有慈爱的上帝
（就像《新约》的某些部分所表明的那样），或者被描述成
拥有震怒、令人敬畏的上帝（就像《旧约》的某些部分所
表明的那样）。"敬畏耶和华是知识的开端"（《箴言》1：
7），因此，人们很难在不考虑与遵守诫律相关联的奖赏惩
罚的情况下，去思索上帝和他的律法。从宗教的视点看，
一个人对于上帝的态度，被理解成他遵循上帝律法的动机
的内在组成部分。因此，从宗教的视点看，下面这种说法
似乎是十分完美地内在一致的：上帝想从人那里得到某些
东西（服从和崇拜），而人也想从上帝那里得到某些东西

（庇护和拯救）。但是，在康德看来，这样的动机却是不纯
粹的。

与有关动机的这个问题相关，人们还直接面临着与康
德关于道德主张具有先天合理的普遍性的理论观念有关的
一系列问题。康德也许会认为，这种普遍性可以涵盖在有
关善良意志——也就是那种唯一可以被视为"无条件的善"
的东西——的观念之中。④人们或许会赞同康德的下述观点：
想要去做正当事情的念头，就是无条件的善。"我想去做正
当的事情"这一宣告，就是任何道德思考的值得肯定的起
点。不过，接下来的问题却是：一个人究竟应该做些什么
呢？在康德看来，只有一种方法可以回答这个问题。既然
人在本性上是理性的，那么，人也就有义务理性地行事。
而这也就意味着：唯一应该被考虑的诉求，就是在人性最
具有一般性的层面上关涉到理性的那种诉求。人们不得不
去发现某种具有充分共同性的原理，以致所有有理性的人
都同等地有义务去遵循它。这样，唯一应该遵循的规则，
就是那种在一般性层面上植根于普遍合法性原理之中的规
则。康德试图为这个问题构造出一种规范性的答案，也就
是那种以"绝对命令"的形式呈现出来的答案："你只应该
依据这样一种准则去行事，你同时意欲它应当成为一条普
遍的规律。"⑤构造这种绝对命令的好处就在于：在康德看
来，它既是足够单纯的、以至于可以为每个人所遵守，同
时又是足够抽象的、以至于可以涵盖每一种可能的道德境
遇。人们必须要问的只是：假如每个人都去做我想要去做

的事情，情况将会是怎样的呢？或者说，我能够使每个人都去做我想要去做的事情吗？人们在从事某个道德行为的时候，只有坚持一种一致性，这就是：对于任何个体、任何境遇来说，它都不允许有任何例外。

然而，恰恰就是绝对命令的这种单纯性和抽象性构成了一个问题。人们也许完全同意：绝对命令作为一种一般性的指导原理，在大多数道德境遇中都是有用的。期望每一个人在面对同样的道德问题时都能从事同样的行为，这体现了在思考道德问题时的公平性。不过，这样做却使得在任何境遇下保持审慎的考虑都变得不可能了。因此，绝对命令的单纯性，就使它成为一件在涉及到复杂的伦理两难时相当笨拙的工具。同时，由于把抽象性凌驾于具体性之上，绝对命令在解决各种潜在的道德两难时，也会成为一种僵硬的、不现实的方法。不过，任何试图把绝对命令当作一种有用的准则加以限定的努力，也就是任何主张它在大多数境遇中毕竟可以运用的观念，在康德看来都是一种滑向道德相对主义的倒退或堕落。归根结底，人们怎样才能划出一道界线，以确定在什么时候、什么地方可以运用绝对命令呢？根本就不可能存在任何有关如何打破规则的规则。但是，在康德把抽象的单纯性视为一种理想的地方，人们却可以把有关特殊境遇的智慧和判断力视为一种具有同等意义的理想。

不过，我认为，还有两个进一步的问题是人们不得不发问的，而我并不认为康德对这两个问题做出了充分的解答。对于某种康德式的伦理学来说，它们甚至是更具有问题性的问题；或者说，康德的解答是如此复杂地与形而上学的假设相关，以致这些解答似乎是难以置信的。假定我们承认了康德有关绝对命令的普遍性的说法，人们依然会问：一个人为什么应当遵循绝对命令呢？他又应该如何将绝对命令付诸实施呢？当然，因为康德的道德观难以付诸实施而对它进行批判是另一回事。甚至康德本人也许都会同意这种批判。绝对命令也许时不时地会遇到困难，但这并不会构成运用它的障碍。不过，如果这种困难居然达到了不可能的层面，那么，人们在拒斥它的时候，似乎也就拥有了充分的理由。

康德自己似乎对于这些问题有着充分的了解。在涉及第一个问题——一个人为什么应当遵循绝对命令呢？——的时候，他说，"有关一条什么样的规律的观念，才能够规定意志而无须考虑其预期的后果呢？……我已经剥夺了意志的所有那些来自遵循某个特殊规律的冲动……"⑥这样一来，就连康德自己也承认，在涉及"假如一个人面临某个道德问题，他为什么应当转而诉诸绝对命令"的时候，存在着一个有关动机的问题。无论一个人多么想要去做正当的事情，似乎都不存在任何有说服力的理由可以表明：为什么他应当遵循绝对命令，而不是转而到其他地方去寻求指导。康德对此的解答是："依据这一原理行事的实践必然性——也就是义务——决不能够以情感、冲动和爱好为基础；相反，它只能够以有理性的存在者彼此之间的相互关系为基础。……因此，理性把意志的每一条准则都当作普遍的规律与其他所有的意志联系起来，同时也与每一种朝向它自身的行为联系起来。理性之所以要这样做，并不是出于任何其他的实践性动机，或是出于将来可以得到的好处，而是出于有关一个理性存在者的尊严的观念；这个有理性的存在者除了自己的立法之外，不会服从其他任何规律。……这样一种评价可以表明：心智的这种转向就是尊严，它无限地凌驾于一切价值之上。……对于一个有理性的存在者必须拥有的这种评价来说，只有'尊重'这个语词才是一种合适的表达方式。所以，自律性就是人性和任何理性的本性所具有的尊严的基础。"⑦

　　这样一来，遵循绝对命令的假定动机，就不是出于任何可以通过这样做而获得的后果的理由，而只能是取决于这样一种信念：一个人具有理性的人性。一个人可以"感觉到"作为一个普遍的立法者所享有的这种尊重；而在康德看来，这就是驱使意志遵循绝对命令的动力所在。一个人只应该在下面这个基础上认定绝对命令就是道德行为的唯一指导：他是一个有理性的人，而这样做对于所有其他的理性存在者来说都是一种理想。一个人必须想象自己是在遵循着某种类似于电影脚本的东西。一个人在开始从事某个行为之前，应该这样去想："我是有理性的。因此，我应该遵从绝对命令。"这听起来似乎有点儿不可思议。我真的看不出来，像"合乎理性"这种抽象的理想，除了驱使一个"康德"之外，还能够驱使其他什么人去从事行为。

现在让我们转向另外一个问题：一个人怎么能够像康德希望的那样去从事行为呢？从康德的视点看，对于这个问题的回答，取决于"自律性"的意义。所谓自律性，就是自由地从事行为，并接受作为一个有理性的人所承担的义务的召唤的能力。诚然，一个人必须把绝对命令加在自己身上；不过，既然这种把绝对命令加在自己身上的做法来源于自由地接受理性义务的那些要求，它就不会使自律性遭受任何损失。例如，假如某个人把某种来自他人或是某个外在源泉、甚或来自上帝的义务加在自己身上，那么，这就会使自律性遭受一些损失。但是，既然一个人是从他对"合乎理性"的理解那里发现绝对命令的，而他自己又是有理性的，那么，把这种义务加在自己身上就是与自律性内在一致的了。然而，一个人怎么能够同时既是自由的、又是从属于义务的呢？康德面临的就是这样一种两难困境。他解释说："我们必须公开坦陈，这里存在着某种似乎是无可逃脱的循环。我们假定我们是自由的……这样我们才能够把我们自己看成是从属于道德规律的；反过来说，我们之所以认为我们自己是从属于这些道德规律的，又是因为我们赋予了自己以意志的自由。"⑧

康德对于这种两难困境提出的解答是："……一个有理性的存在者必须把自己看成是属于知性世界的理智，而不是从自己的那些较低级力量的角度出发、把自己看成是属于感性世界的。于是，一个有理性的存在者可以从两种不同的立场来看待他自己，认识那些支配着自身力量的运用的规律，并且由此认识那些支配着他自己的所有行为的规律：首先，他属于感性的世界，处在自然规律的支配之下；其次，他属于理智的世界，处在那些只以理性为基础、独立于自然、并且也不是经验性的规律的支配之下。"⑨而这是一个现实的问题了。一个人将不得不认为自己生活在两个分离的领域之中。他的较低级自我存在于自然的领域之中，从属于因果律；而他的较高级自我则存在于理智的领域之中，不从属于因果律。首先，难以想象的是，在严格的意义上说，一个人怎么可能会生活在两个不同的领域之中呢？而康德正是在严格的意义上这样认为的。他把那种较高级的自我看成是某种有待发现的东西。假如这种较高级的自我只是一个隐喻、只是一种言说的形象，那么，它就将失去它的权威和尊严，并且因此也失去它在自己的权威中理应享有的那种尊重；其次，这样两个不同的自我又怎么能够彼此沟通呢？属于自然的较低级自我与属于理智的较高级自我可以说是泾渭分明的。同时，正像在某种宗教的理论架构中上帝的诫律是从天上通过超自然的启示显明给全人类的一样，在康德的道德体系中，较高级的自我也不得不把它的诫律当作一种超自然的启示，"启示"给较低级的自我。因此，取代一种外在的宗教奇迹的东西，就是一种持续不断的内在的道德奇迹。但是，奇迹就是"神奇的"，因而也就是非科学的——无论它是外在的，还是内在的。穿越实在的两个不同层面——无论是宗教中的自然层面与超自然层面，还是道德中的较低级的经验自我层面与较高

级的理性自我层面——之间的沟通，都必定要在神秘性的
领域中漫游。

康德同样也了解这些问题。当他不得不去解释高级自
我与低级自我之间的联结如何可能的时候，康德十分坦白
地说：他不能够证明这一点。取而代之的是他的下述主张：
"有关纯粹理智世界——作为所有理智的整体——的观念，
对于达到一种合乎理性的信仰这个目的来说，永远是一个
有用的、可以允许的观念，因为我们自己就是作为有理性
的存在者而属于这样一个世界的（虽然在另一方面，我们
同时又是感性世界的成员）。"⑩

这样，我们又回到了我们的出发点。康德本来想要提
供一个有关普遍性道德的理性基础的证明；但人们最终达
到的结局，却是一个指向理性本身的信仰诉求。

所以，人们总是会从某种道德上的两难困境开始。下
面就是康德提供的一个例证。"当我处在危急的困境之中的
时候，我是不是可以做出一个诺言，同时却又不打算兑现
它呢？"这也就是电影脚本如何在现实生活中上演的场景。
人们首先要问的是：我是不是在做正当的事情呢？我的意
志是不是善良的呢？对于这些问题，人们只能够希望自己
的回答是肯定的。接下来人们又要问：那么，我应该做些
什么呢？对于这个问题的回答，才是某种可以发生实际效
用的东西：不要诉诸上帝或是询问他人；你只需要扪心自
问：我希望每一个人都去做的事情是什么？因此，这种回
答就表现为一条绝对命令："没有人应该做出一个虚假的诺

言。"接踵而来的下一个问题则是：为什么我应当遵循这条绝对命令呢？对于这个问题的回答是：一个人就其本性而言，实际上是一个有理性的存在者，而这就足以使他拥有尊严。再接下来的问题是：我怎么才能够完成这项使我的行为合乎绝对命令的丰功伟绩？对于这个问题的回答是：较高级的自我必须主宰较低级的自我。最后，在一个人开始行动之前，他会问道：这真的就是那件应该去做的正当事情吗？而一个来自内心深处的声音会宣称：相信理性吧！

于是，在启蒙运动看来，那种要比宗教信仰的不成熟、幼稚和迷信状态更进步、更优越的东西，就是那些在成熟和自我承担责任的名义之下已经成为哲学信仰的崭新对象的东西：普遍人性和理性。然而，至少在宗教中，对上帝的信仰可以被看成是在提供伦理动机方面发挥着某种积极的作用。对于上帝的仁慈之爱，或是对于上帝愤怒的敬畏（天国或地狱），的确是一些促使意志从事伦理行为的强大力量。因此，我们很难看出，康德的抽象观念除了使灵魂冷却，使意志瘫痪之外，究竟还能做些什么。

上述批评反映了我对某种康德式伦理学的不满。这种批评当然不是原创性的；其他人也曾经表达过类似的保留意见。不过，罗蒂对于康德所持的异议却是有所不同的，并且是意义深远的。他对传统哲学的批判，他对心智理论的拒斥，他对人性观念的反驳，都使得那种研究伦理学的康德式进路变得行不通了。罗蒂解释说："（历史主义的思想家）否认存在着诸如'人性'或'自我的最深度层面'

这样的东西。他们的战略一直是坚持主张：社会化的进程以及历史性的环境就是一直在起作用的因素；也就是说，并不存在着在社会化'之下'或是历史性之前对于人的存在具有决定性的因素。"⑪而且，罗蒂也不仅仅是批判康德用以构造他的伦理学观点的那种方式本身；他同时也根本拒斥那种认为哲学就是讨论伦理学问题的理想场所的观念。从一种理论性的立场出发思考道德问题，并不是特别有助益的。罗蒂陈述说："任何人如果认为对于（伦理学问题）可以提出那种拥有良好基础的理论性答案——也就是那种解决道德两难的算法程序……那么，他在内心深处就依然是一位神学家或形而上学家。他相信有一种超越时间和偶然的秩序，这种秩序既决定着人类的存在，同时又确立起一种有关责任的等级体系。"⑫在罗蒂看来，伦理学取决于人际之间的实际的和可能的关联，而确保这些关联的东西则与想象和情感——而不是与理论性的原则——保持着更密切的关系。康德作为传统的一大支柱，是一位严肃认真的**哲学家**。而罗蒂作为一位非传统主义者，却是一个在与哲学相遇时机智幽默、爱开玩笑的旁观者。正如罗蒂自己解释的那样，"我的假定是：那种反讽的、爱闹着玩的知识分子，是一种值得向往的特殊种类的知识分子"。⑬

罗蒂与讲述道德故事

启蒙运动规划的构成部分之一，就是下面这种信念：

它的观念真实地反映了人类的本质属性。像康德这类思想家所面临的问题是：在假定了各种历史性的力量已经在他那个时代开始发挥作用之后，这些本质属性毕竟还没有得以完全实现。因此，人作为有理性的存在者的本性，还处在胜负未定的紧急关头；而这一点又具有社会和政治方面的重要内涵。通过拒斥教会和君主的权威究竟能够取得一些什么样的进步，这取决于从事自我反思以及随之而来的自我指导的勇气和能力。从以往时代的专制统治之下解放出来这一目的，必须建立在那些最新发现的真理的基础之上，并且依赖于心智理解这些真理的力量。康德陈述说："这个启蒙运动除了自由之外，并不需要任何别的东西……这里所说的自由……就是那种在一切事情上都能公开运用自己的理性的自由。"⑭这些语句是伴随着下面这种信念言说出来的：历史的重任就落在了他的肩上。康德相信，他是为真理而奋斗的卫士，并不是为了讲述某个故事——例如，有关"真理"这个语词可以或是应当怎样在某个哲学的或历史的文本处境中加以运用的故事——而奋斗的卫士。如果康德的所有观念只不过是一种言说的方式，启蒙运动的那些主张听起来就会更像是一个寓言，而不是一种事实；然而，在康德看来，这将是一场大灾难。人类未来的进步就取决于理性作为人类的真正目的的最终实现。⑮

　　不过，在把启蒙运动看成是西方文化曾经讲述的有关它自身的许多故事之一、而把康德自己的故事看成是人们能够讲述的有关他们自身的一个相当缺乏想象力的乏味故事方面，理查德·罗蒂并不觉得存在着什么困难。那种认为存在着需要加以实现的人类的"真正"目的的主张，被看作是在永恒的目的与暂时的目的、理性与情感、人与动物等等之间做出的一种形而上学的糟糕区分；其中每对范畴中的前一个都被认为是在性质上更高级的，并且也是唯一值得追求的价值理想。罗蒂则试图重新撰写那个一直是西方哲学传统在伦理学领域的主要支柱的形而上学故事。他曾经这样解释他用以理解伦理学的那种思路：

> 这里有一种思考正当与错误的方法：共同的道德意识包含着某些有关平等、公正、人类尊严等等的直觉，这些直觉需要通过构造诸种原理——那些可以用来书写法规的原理——的途径而变得显明可见。通过思考那些令人困惑的案例，通过对我们自己（欧洲）的文化与其他文化之间的差异的抽象工作，我们就可以构造出一些越来越好的原理，这些原理将更为切近地与道德规律自身相符合。
>
> 这里还有另外一种思考正当与错误的方法：人们以及文化生活得越长久……他们也就可以幸运地获得越丰富的东西——亦即那种指向其他人的更强烈的敏感性，那种用来描述他们的同伴以及他们自身的更为精细的类型学（typology）。与他人的交往是有益的；苏格拉底式的讨论也是有益的；但是，从浪漫主义运动以来，我们受益最多的却是来自于诗人们、小说家

们以及空想家们。……（黑格尔的）《精神现象学》教导我们，不仅要把哲学的历史、而且要把欧洲的历史看作是所谓"教化传奇"（Bildungsroman）的组成部分。……（我们）则把欧洲的自我描述以及我们自己的自我描述不是视为指向某个主题的内在秩序，而是视为一幅壁毯上的图案设计；在我们以及欧洲死亡之后，这些自我描述还将继续编织这幅壁毯。[16]

康德就是关于伦理学的第一种观念的完美代表。他有关道德的看法不仅开端于，而且终结于对真正的普遍性视点的寻求。能够确保伦理学拥有一种道德力量的唯一途径，就是找到这样一种观念，它可以避开文化和社会的那些特殊性特征，并且因此能够凭借它对某种在自身中就拥有永恒性的视点的诉求，而给全人类留下足够深刻的印象。而唯一能够找到这样一种观念的地方，要么是头顶上的无限星空，要么是理智王国的内心灵魂。为了实现他的这些目的，康德宣称他已经在人身上发现了一种能力，这种能力能够把握这种理智性的影像。只有理性自身才能在这个普遍性的层面上对于人类言说。唯一的问题就是它似乎有些无能为力。正因为它是对每一个一般性的人言说的，所以，它根本就无法对任何一个特殊性的人言说。

罗蒂接受的是理解伦理学的另一种方法。真正有助于正派和好心的，是一个人能够以某种程度上的道德敏感性对待那些具有特殊性的人们。罗蒂并没有打算避开历史以便寻求某种人们可以据之行事的非时间性的视点，而是认为：一个人越是能够使自己成为某种文化的历史生活的一个组成部分，他就越是能够发展出一种道德感。这并不是要创造出一种全新的道德能力。这是一种习得的回应能力，人们主要是从阅读、观看以及与其他人交往的活动中获得这种回应能力的。它是通过发展更丰富、更生动的想象力而获得的。罗蒂解释说："这种逐步把其他人看成是'我们中的一员'——而不是看成'他们'——的进程，其实就是一种有关陌生人究竟是什么样子的具体描述，同时也是一种有关我们自己究竟是什么样子的重新描述。这不是一项需要理论来完成的任务，而是一项需要诸如人种志研究、新闻报道、喜剧书籍、文献电影片、尤其是文艺小说等等风格类型来完成的任务。"⑰

我在前面曾经提到，康德不会允许把自己有关心智可以区分为较高级自我与较低级自我两个部分的做法看成是隐喻性的。他必须相信，存在着某种具有永恒性的东西有待人们发现。但另一方面，罗蒂却认为，在个体性的层面上，根本就没有什么有关自我的具有永恒性的东西有待人们发现，而只是存在着某种具有重要性的东西有待人们创造。运用隐喻性的术语来谈论自我，就能够有助于展开某些饶有趣味的描述。既然罗蒂有关伦理学的观点依赖于栩栩如生的描述，既然这类描述能够激发想象，并且可以作为伦理行为的内在动力发挥作用，那么，有关隐喻性描述的美学就是伦理学的一个重要因素。罗蒂解释说："……要

想发现我们据之行事的良好理由，我们就应该首先去发现
一种关于我们自身及其所处境遇的良好描述，并且以此作
为一个预备性的步骤。"⑱

弗洛伊德与自我创造的故事

使得罗蒂成为这样一位具有丰富创造性的哲学家的东
西，就是他能够在某些最出人意料的地方发现一些很有助
益的观念的那种独特能力。在发现有关一个人的自我的良
好描述方面，他就从弗洛伊德那里发现了一种我们可以怎
样思考这一进程的良好模式。⑲而使这种发现变得出人意料
的东西就是：罗蒂对于弗洛伊德的解读，并没有严格遵循
弗洛伊德自己所喜爱的那些故事的各种特殊的细节；因为
在他看来，这些特殊的细节并不重要。弗洛伊德为罗蒂提
供的，是那种把自我视为某种艺术创造的思考方法。罗蒂
陈述说："（弗洛伊德）提供了一种重新创造对扩展的追求，
并且由此重新创造个性品格的道德性的方法。"⑳所以，虽然
弗洛伊德主要是因为他依据俄狄浦斯情结和男性的去势焦
虑或女性的阳具妒忌——这些都是围绕着与人们在生物学
意义上（真实的或是想象的）父母相关的家庭传奇故事这
一中心展开的——而讲述的"道德性"故事著称于世的，
但在罗蒂看来，这一点并不是使弗洛伊德变得独一无二的
东西。罗蒂并不是一位精神分析学家；同时，他也没有公
开认同有关弗洛伊德的家庭传奇故事的正统观念。此外，

弗洛伊德也是因为他对有关心智的冰山模式的运用而著称于世的。一座冰山只有一小部分（百分之十）露出海面；它的绝大部分（百分之九十）都淹没在水下。因而，弗洛伊德宣称：在心智中，自我（现实性原理）有点儿像是冰山的顶端。心智的绝大部分都是无意识的。弗洛伊德式精神分析疗法的目标，通常都被看成是试图找到一种旨在扩展自我的掌控能力的方法，以便它能够在反对那些位于觉识之下的洪水猛兽般的无意识力量的斗争中维系它对现实的把握，而不至于让小小的自我被这些力量所压倒。罗蒂并没有严肃认真地看待这个标准的故事。虽然学者们常常围绕弗洛伊德的方法及其有关自我、本我和超我的"科学"主张展开论辩，但是，罗蒂对于弗洛伊德究竟是怎样说明心智的构造，或他的主张到底能不能被实验所证明这类问题不感兴趣。他当然不会按照字面的意思去解读弗洛伊德；因为这样做将会丧失弗洛伊德引入个性品格发展进程之中的那种创造性精神。在罗蒂看来，弗洛伊德的价值就在于：他为创造人们自己的生活故事，提供了一系列崭新的心理学隐喻。这并不是把心智看成是一些彼此有别的功能，较高级与较低级的、深层与表层的力量的藏身之所，而是把自我看成是"诸种信念和愿望的复合体"。[21]

　　因此，与其说罗蒂把自我看成是彼此冲突的各种力量展开实际斗争的场所，或认为自我拥有一个隐秘的维度，其目的就是清扫在无意识之中蔓延丛生的陈迹残骸，以便为现实开拓一片空间，不如说他把弗洛伊德看成是一位提

供了有关心智的崭新隐喻的人物。这样，心智就可以被看
成是某种类似于小说虚构的实验性工作的东西了。我能够
找到的最为切近的例子，就是詹姆士·乔伊斯的《尤里西
斯》。当人们翻看这本书的各个章节的时候，他们仿佛听到
了各种角色的不同声音，其中的每个角色都在忙于他们自
己的事务，同时又以各种各样的方式与其他角色展开互动。
每个角色都在同一座城市——都柏林——里穿行；但是，
每个角色又都是从他们各自的视点出发打量这座城市，以
不同的方式讲述着他们自己的故事。我们没有必要认为，
这部小说由于不包含一个中心性的故事情节，因而就要比
一本传统性的小说来得差劲。而在罗蒂看来，弗洛伊德针
对心智言说的东西也包含着它自己的一系列彼此不同的角
色；其中的每个角色都有他们各自的讲述人生故事的独特
方式，同时又与存在于我们自己的特殊生活之中的其他
"角色"展开互动。我们也没有必要认为，这样一种创造自
我的方式，要比那种试图发现真正的中心自我的传统哲学
理论来得差劲。于是，罗蒂便把弗洛伊德看成是一位有关
无意识的故事讲述者。他解释说："在弗洛伊德关于无意识
的观念中具有新颖性的东西，就是他的这一主张：我们的
无意识自我并不是一群沉默阴郁、跌跌撞撞的野兽，而毋
宁说是我们的有意识自我的有理智的同行人、可能的交谈
伙伴。"② "可以说，这种观念把分别由本我、超我和自我讲
述的三个不同的故事，看作是从某种日常经验——尤其是
从有关童年事件的经验——出发展开的可供选择的三种

推断。"㉓

罗蒂认为,对于有关伦理的哲学理解来说,这种思考自我和道德问题的"弗洛伊德式"方法,具有意义深远的效应。毫无疑问,有关应该如何理解自我及其道德内涵的哲学思辩已经拥有悠久的历史。罗蒂认为,为了澄清自我的这些道德内涵,我们可以把弗洛伊德置于亚里士多德与让-保罗·萨特之间的哲学空间的某个地方。他宣称:"(弗洛伊德的)故事可以帮助我们——如果它的确能够对我们有所帮助的话——停止那种在亚里士多德式的试图发现我们本质的努力与萨特式的试图不断进行自我创造的努力之间摇来摆去的荡秋千。"㉔请允许我凭借一些解释性的论述来澄清这一点。

为了理解亚里士多德有关自我和道德的观点,我们有必要首先理解他的下述信念:一般而言,就像其他一切存在物一样,人类也拥有一种属于其本性的功能。亚里士多德的假设是:在整个宇宙的内在结构中,存在着一些每一个存在物都应当力求达到的永恒目的或目标;而这也就意味着:任何人只有通过实现这种内在固有的目的,才能够完善他自身,也就是成为他所应当是的那个东西。因此,亚里士多德在开始讨论伦理学的问题时,就提出了一个有关"成为一个男人(to be a man)意味着什么"的本质性定义(这里涉及到的性别差异,旨在反映亚里士多德是如何把不同的本性赋予男人和女人的)。如果一个男人的生活要想成为一种善的生活,那么,他就被期望去履行指定给他的那种属于他的本性的角色。亚里士多德说："……一般来说，每个事物都拥有一种功能……而善……便被认为是存在于这种功能之中的。因此，男人似乎也就拥有一种功能。……我们把男人的这种功能看成是这样一种类型的生活，它就是灵魂的合乎理性原理的行为或活动；而一个善的男人的功能，就是他能够完美高贵地完成这些行为或活动。"[25]亚里士多德接着又继续解释这样一种理性的功能如何才能达到最完满的实现。他说："如果一个男人能够运用并且看重他的理性，他似乎就应该被认为是既处在心智的最好状态之中，又是为诸神所宠爱的。因为如果像人们所认为的那样，诸神确实关注人间的事务，那么，我们也就有理由说……他们喜爱那种最好的，并且是与他们最为切近的东西（亦即理性）。"[26]

对于这种思考自我和善的方法提出的一种批评就是：它体现着有关善的生活的某种僵化模式，某种过分狭隘的观念。人们可以通过把这种理性的生活与其他某些人的生活——许多人认为后者是善的生活——加以比较而发现这一点。无须过分的吹毛求疵，人们也许就会赞同亚里士多德的下述评价：一种只去追求快乐、名誉或利益的生活是低下的生活。不过，如果一个人是基督徒、犹太教徒或穆斯林，并且认为"成为人"也就是把人类视为某位仁慈上帝的创造物，而虔诚地献身于这位上帝的律法的生活也就是公义的生活，情况又该如何呢？难道这种充满祈祷、斋戒和慈爱的生活是低下的生活，因而就不是一种善的生活吗？甘地或是修女特蕾莎的生活是不是善的呢？其实，如果人们接受有关道德的某种本质主义的定义，那么，问题就完全取决于人们在人性问题上究竟是坚持什么样的形而上学信念了。人就其本性而言究竟是上帝的造物呢，还是理性的动物？无论宗教的生活与理性的生活相比具有哪些相对的优点，问题的关键在于：亚里士多德代表的是关于人的思考的一种本质主义的传统：某种固定的、永恒的目的是第一位的，然后每个人都应该依据这个目的去生活。独特性和个体性只是一些偶然的属性，不应该成为善的生活的核心内容。一切人都应该遵循某种计划，而后者则依赖于人的功能。

与此相反，萨特认为，那种主张人拥有一种特定功能的观念，简直就是胡说八道。无论把这种功能视为整个宇宙内在结构的一个已经被发现了的组成部分，还是把它视为可以通过某位上帝指定给人类的信仰而获得之物，萨特都加以拒斥，认为它们是与有关个体生活的主观主义观点不一致的。他代表的是存在主义的立场；依据这种立场，任何男人或女人可能拥有的一切，就是独特性和个体性。一个个体拥有的一切属性都是偶然的。换句话说，存在是第一位的，而对于个体而言，根本就不可能有任何本质的属性。萨特说："至少有一种存在物，其存在是先于本质的，因为在他能够被任何概念定义之前，他就已经存在了。……我们这里说的存在先于本质，究竟是什么意思呢？它的意思就是说：人首先存在、现身、在场；只是在此之后，人才会给自己下定义。如果说人就像存在主义者所认为的那样是不可定义的，这只是因为人最初就是虚无。"[27]

　　那么，萨特又是如何得出这一结论的呢？他觉得他之所以有资格提出这样一种主张，是因为他对意识进行了一些现象学的分析。也就是说，如果人们把自己的目光转向自身内部，并且对意识展开一番批判性的彻底考察，那么，被揭示出来的并不是某种类似于笛卡儿所说的实体性自我的东西，而是一个纯粹的空无。在萨特看来，来自内心的意识其实是一种"（位于）存在之洞孔的虚无。……人的实在只是就其自身内部之存在以及自为之存在而言，才是存在；它就是位于存在之内部的虚无的唯一基础。"[28]而从行为这方面看，这种"位于存在之内部的虚无"，又通向了那个终极性的"存在"悖论。萨特解释说："……那种思考人的实在的基本谋划的最佳方式就是如是言说：人是一种谋划成为上帝的存在。……人的实在就是想要成为上帝的纯粹努力；但是，对于这种努力来说，却不存在任何给定的根基，也没有**任何东西**是像这样自己去努力的。……（因而），人就是无用的激情。"[29]

　　这样，对于一种有关自我发展的伦理学来说，所有这些看法意指的东西就是：任何一种谋划都是正当合理的，但同时又没有任何一种谋划是正当合理的；任何一个自我都是有价值的，但同时又没有任何一个自我是有价值的。对于萨特来说，唯一的善就是自由；但是，一个人应该运用他的自由去做的事情，却又是一种根本无法讲述出来的

"神秘"。当被问到是不是有任何特定的方案可供人们指导他们的行为时，萨特做出的唯一回答就是："你是自由的，去选择吧——也就是去创造吧。"㉞在评判各种不同生活的相对价值的时候，萨特则解释说："一个人喝得酩酊大醉或成为某个国家的领导人，其实完全是一回事。"㉟于是，如果像萨特认为的那样，每一种自我谋划都不过是重新开始进入虚无，而想要成为某种东西的愿望永远都不可能实现，那么，人们可以期盼的唯一东西，当然也就只能是同一个东西——虚无了。

人们可以这样概括上述两种观点。一方面，亚里士多德提出的是一种思考自我的僵化程序，因为一个个体几乎没有什么东西可以添加在自我的发展进程之中。在这种发展进程的中心点上，只有通过对某种永恒的模式展开思辩，才能够使自我变得积极能动起来。另一方面，萨特却赋予了自我以太多的自由，并且在自我的中心点上把它与一切历史性的影响分离开来。亚里士多德通过对一个人与他所能是的东西的实现加以比较的途径，看出这个人的完美；而萨特却从一个个体所不可能是的东西的空无之中，看出这个个体的绝望。亚里士多德是一位理想主义和乐观主义的倡导者；他的信条是：当一个人充分实现了他的永恒目的的时候，他就是最类似于上帝的。萨特则是一位荒诞主义和愤世主义的倡导者；他的信条是：人就是想要成为上帝的愿望，但这个愿望永远都不可能实现。而与亚里士多德和萨特两人形成鲜明对照的是，弗洛伊德似乎提供了偶然性、历史性和反讽性的一种恰当的混合来帮助人们理解叙事性自我创造的进程是怎样完成的。

那么，罗蒂又是怎样把弗洛伊德定位在亚里士多德与萨特之间的呢？他是通过把弗洛伊德看作是一位关注每个人在生活中不断展开的偶然性历史处境和个性化心理处境的道德主义者的途径来做到这一点的。通过帮助人们把无意识理解成"交谈的伙伴"，弗洛伊德实际上就指出了那种一旦给定了自己生活故事的资源，人们就能够创造出自己的自我的能力。相比之下，亚里士多德和萨特两人都是道德领域内的基础主义者。他们两人都认为，应该把道德与某种有关人性的正确观念联系起来，因为这二者在哲学上本来就是相关的。亚里士多德之所以是一位基础主义者，是因为他对人性采取了一种功能主义的研究思路；而萨特之所以是一位基础主义者，则是因为他根本否定了所谓的人性。虽然这听起来有点儿古怪，恰恰由于他们两人正相反对，却使得他们在哲学上呈现出同样的倾向。因而，他们两人都拥有那种思考自我和道德问题的一般性的、包罗万象的同一模式。在亚里士多德看来，存在着某个确定的出发点和某个永恒的目的，人们正是凭借它们展开自己的生活。而在萨特看来，在人们的生活之前只有虚无，人们的生活所指向的也是一种永恒的虚无。亚里士多德力图寻找一种道德的真理，并且发现了这种真理；而萨特同样也力图去寻找道德的真理，但他却宣称这种真理是不可能被发现的。不过，在罗蒂看来，为了使自我和道德具有意义，人们应该避免去做的一件事情，恰恰就是思考有关基础和人性的问题——无论在这个问题上人们是持赞成还是反对的意见。罗蒂解释说："……西方哲学传统把人生看成是一场凯旋的胜利，因为人生突破了时间、表象和个人意见的世界，进入到了另一个世界——永恒真理的世界。……但是，需要穿越的重要边界，并不是那条把时间与非时间性的真理分离开来的边界，而是那条把陈旧的与崭新的东西区分开来的边界。"[32]这种对于过去时代（而不是对于永恒性）的关注，就是使弗洛伊德对自我和道德问题的思考成为一种有用模式的原因所在。这样，罗蒂就将弗洛伊德置于亚里士多德与萨特之间，认为他教导人们从一种中道的视角出发去思考有关人生的问题。罗蒂解释说："弗洛伊德建议我们应该返回到特殊那里：把那些特殊的当前境遇和意见看成是类似于或区别于那些特殊的过去行为或事件的东西。"[33]

从下面的论述中，我们可以看出罗蒂解释弗洛伊德在道德问题上对于西方哲学传统做出贡献的那种特定方式：

> 虽然从柏拉图直到康德的每一个人，都力图把我们的中心自我、我们的良心、我们的以标准化方式设置起来的权威性构成部分与普遍性的真理、一般性的原理和某种共同的人性等同起来，但弗洛伊德却把良心仅仅看成是一台较大的同质性机器的构成部分之一（而不是某个特定的中心性部分）。他把义务感与一系

列个体性、偶然性的人生经历的内在化等同起来。按照弗洛伊德的看法，我们的道德责任感并不是某些可以通过理智加以沉思的一般性观念，而毋宁说是各种特殊的人们与我们的肉体器官的一系列偶然相遇留下的轨迹。在他看来，我们的良心发出的声音，并不是我们灵魂的那个涉及一般性的部分——这个部分因而据说是与我们灵魂的那个涉及特殊性的部分正相对立的——发出的声音，而毋宁说是有关某些极其特殊的事件的（常常被扭曲了的）记忆。……

不过，这种把良心等同于有关个性化事件的记忆的观念，并没有采取下述主张的形式：谈论这些事件可以被看成是一种对于道德审慎的（"科学的"）替代物。弗洛伊德并不认为我们能够更清晰地考察我们自己，他也不认为我们可以通过把我们有关道德反思的词汇表限制在精神分析术语的范围之内而做出更明智的选择。恰恰相反，弗洛伊德抛弃了那种柏拉图式的"更清晰地观看我们自己"的隐喻，转而青睐于那种……把理论当作是一种能够引起所向往的变化的工具的观念。在弗洛伊德之前，人们始终没有发现一种把我们自己当作可以随意摆弄的机器来思考的可用方法；然而，这样一种自我形象，却使我们能够把那些用来描述心理机制的术语编织成角色构成的种种策略。

弗洛伊德留给我们的主要遗产就是：他的理论增强了综合性的、反讽性的、唯名论的理智在（举例来说）宗教的、道德的、科学的、文学的、哲学的、以及精神分析理论的种种词汇表之间来回穿梭的能力、而无须去问"这些词汇表中间的哪一个向我们显示了事物究竟是什么样子"；也就是说，他的理论增强了理智把各种词汇表看成是工具，而不是镜子的那种能力。弗洛伊德打破了把我们与希腊哲学的下述观念捆绑在一起的那条终极性锁链的某些环节：我们或世界拥有一种本性；这种本性一经发现，就能够告诉我们应该对于自己做一些什么。他使得我们今天询问下述问题变得远比以前更困难了："我的真正的自我是什么？"或"人性是什么？"通过帮助我们看到即使在哲学圈起来的那块世外桃源中，除了种种偶然相遇留下的轨迹之外，再也没有其他任何东西需要加以发现，弗洛伊德就使我们能够更加宽容地对待宗教和哲学传统一直希望消除的那种模棱两可。㉞

作为这一节的总结，我想说明的一点是：罗蒂把弗洛伊德看成是一位反康德主义的伙伴；而这一点正是使弗洛伊德成为一个如此强有力的同盟军的原因。我们可以回想起本章前面曾经提到的那个问题：康德在心智中发现了两种功能，即较高级的自我与较低级的自我、理性与激情、理智与情感。康德从他有关心智景象的观念中得出的一条结论就是：只有较高级的理智自我才是真正的自我。正是这个共同的因素，在最根本的层面上把人类统一起来了，而理性和理智的规则赋予了人们以尊严。这种规则的作用是权威性的；也就是说，它是人生唯一有效的范导。遵循理性的规则，就是确保道德世界中和平安宁的最好希望。弗洛伊德搅乱了这幅美好精致的图画，虽然这幅图画一直都被看成是西方哲学传统在道德领域内的标志。关于理性在个体生活中的作用问题，弗洛伊德有许多东西想要言说。在《精神分析导论》一书中，弗洛伊德曾经谈到，他是怎样把理性从这幅"宏大壮丽"的图画中赶走的。在第 18 次讲演的末尾，他解释说："我们每一个人的自我……甚至在他自己的家中也不是主人；相反，他必须去安慰那些在他自己的心智中无意识地发生的事件的信息碎片，以使它们安宁下来。"[35]因此，理性并不是处在主宰的地位上，而毋宁说是无意识的仆人。不过，这样一种陈述问题的方式，在罗蒂看来却有点儿太过分了。除了弗洛伊德那种反康德主义的一般性观点之外，罗蒂从他那里汲取的，主要是那种思考自我的与众不同的方法。理性当然不是占主导地位的声音，而只是那些要求我们给予关注的声音之一。但是，在这些声音中，却没有任何一种声音能够比另一种声音享有更多的特权。罗蒂想以一种完全隐喻性的方式讲述有关我们生活的故事。在"有关我们生活的故事"中，我们总是拥有许多不同的情节线索。（"它们是一些语词，我们凭借这些语词——有时候是前瞻性地，有时候是回溯性地——构造出我们对朋友的赞美、对敌人的蔑视，构造出我们的长远计划、最深刻的自我怀疑、最高的希望等等。"㊱）同时，我们也完全没有必要去发现一个一元化的故事。罗蒂解释说"……通过帮助我们把自己看成是种种个性化偶然需要的无中心的随机集合，而不是视为某种共同的人类本质的恰当例证，弗洛伊德就开启了一条通向审美生活的崭新道路。弗洛伊德帮助我们在我们的自我描述中一步步地成为反讽性的、娱乐性的、自由的和富于创造性的。"㊲

关于反讽的一个注释

既然罗蒂常常运用"反讽"、"反讽的"或"反讽主义者"这类术语，在结束这一章之前，我们很有必要看一看他是怎样界定这些术语的。下面是一个简短的定义：反讽主义者就是这样一种人，他们"认识到（realize）通过重新描述，任何东西都可以变得看起来好一些或坏一些。"㊳下面则是一条简短的解释："我们反讽主义者希望，通过这种持续不断的重新描述，尽可能地使我们自己成为最好的自我。"（第80页）

然而，这些定义和解释所表明的只是：通过重新描述，任何东西都可以变得看起来好一些；而反讽主义者也希望它们通过这种重新描述能够变得看起来好一些。这当然是一个循环。但是，要想成为反讽主义者，我们就应该认识到："根本不可能求助于非循环的论证。"（第73页）所以，对于"为什么一个人会希望成为反讽主义者"这样的问题，

是不可能回答的。一个人所能做的一切，就是把一种有关
他的自我的反讽性描述，纳入到他的"最终词汇表"（也就
是他用来讲述他的生活故事的那些语词）之中。

关于如何成为反讽主义者的问题，还有一个涉及人们
语言观的较长解释。语言观本来是第一章的一个中心议题；
不过，在这里重新讨论这一议题，也许仍然是合适的。我
诠释罗蒂思想的方法就是：他似乎认为，作为知识分子，
人们**拥有**一种选择——或者以更强硬的口吻说，人们**应该**
选择在语言观的问题上究竟是成为**哲学家**（**形而上学家**）
呢，还是成为哲学家（反讽主义者）。我之所以有意运用
"选择"这个词，是因为我觉得，在这里运用"认识到"
（realize）这个词似乎不太合适。也许，一个人对于语言与
世界之间的关系问题，可以认识到某种东西。不过，如果
这只是一种"认识到"，它似乎就是一种不会出现在语言游
戏之中的东西；因而，人们也许就不得不去发现一个与这
种"认识到"相对应的词汇表，而这样做又是与反讽主义
者的信念———一切东西都可以重新描述——背道而驰的。
一个人或许依然能够接受那种沿着神秘经验的思路"认识
到"语言与世界之间的关系问题的信念，并且因此以不同
的方式看待世界和语言。不过，在这种情况下，人们最好
还是遵循维特根斯坦的劝告："对于我们不能谈论的事情，
我们必须保持沉默。"㊳但是，罗蒂却恰恰有许多关于语言和
世界的话想要言说，以至于他不可能在这个问题上保持
沉默。

　　当然，我们其实大可不必仅仅为了一个语词而斤斤计较，吹毛求疵。我要强调的一点是：罗蒂认为，一个人可以某种方式在下面两者之间进行选择。如果选择成为一位**哲学家**，他就会认为："在许许多多的暂时表象背后，存在着某个永恒的实在等待着我们去发现"（第 74 页），而某个"最终词汇表"的唯一用处，就是描述这个实在。这也就是为什么"形而上学家并不相信任何东西都可以通过重新描述变得看起来好一些或坏一些"（第 76 页）的原因。作为一位**形而上学家**，也就是要拥有"直觉"（第 77 页）；他的职责就是制造"论证"和展开"推论"（第 78 页）。相比之下，如果选择成为一位反讽主义者，"他就不会认为他的词汇表要比其他人的词汇表更接近实在，也不会认为他的词汇表把握住了某种不属于他自己的力量。"（第 73页）在反讽主义者看来，"没有任何东西拥有内在的本性。"（第 75 页）他们并不拥有直觉，也不进行论证或展开推论。正像**形而上学家**一样，他们也试图进行说服；但他们偏爱的方法，却是创造一个可以使事物得到重新描述的词汇表（第 78 页）。这也就是为什么在反讽主义者看来，"根本不可能跳出我们已经运用的各种词汇表之外，去发现一个可以以某种方式说明所有可能的词汇表的元词汇表"（第 XVI页）的原因。

　　不过，这样来选择一种语言观，似乎是我们面临的一件稀奇古怪的事情。你要么选择把语言看作是描述实在的一种媒介，要么选择把语言本身就看作是一种"实在"，而我们在这种"实在"之中并没有去谈论实在。你要么以这种方式看待语言，要么以另一种方式看待语言。但在这里，并不存在什么选择的标准。即使按照实用主义的标准，"哪一种语言观能够发挥更好的效用"这个问题也会导致一个两难困境。事实上，上述问题将会得到这样一种回应："所谓的'更好'是针对什么而言的？"究竟是人们想要真实地描述实在呢，还是人们想要以各种不同的方式去重新描述事物呢？不过，上述问题之所以会显得稀奇古怪，也许只是因为：人们从来没有想到要把语言看作是某种他们不得不做出选择的东西。人们或许可以把罗蒂看成是某个使事情变得有所不同的人物。因此，举例来说，在某个人指出人们本来可以从太阳中心论的视点，而不是从地球中心论的视点出发观察太阳系之前，没有人会想到这样做会造成很大的差别。罗蒂通过把语言观变成一个对于知识分子来说更为具体的问题，就设置了一个赌注。人们再也不能回避要哲学还是要哲学的选择了。人们所能希望的只是：他们可以拥有智慧或智慧进行明智的选择。

结语

然而，选择一种道德似乎并不是选择一件稀奇古怪的事情。人们几乎每天都会面临各种各样的道德两难；同时，也存在着各种各样的解决这些两难的道德资源：权威主义的与非权威主义的，宗教的与世俗的，义务论的与功利论的，普遍主义的与相对主义的等等。而且，在这个层面上，似乎还存在着某些标准，我们可以依据这些标准做出决定。罗蒂在涉及道德问题的时候，主要是一位实用主义者；他认为杜威一直是道德灵感的良好资源。罗蒂解释说："杜威对于道德哲学做出的根本贡献，一直都被认为是他提出的那种有关'工具—目的连续统一体'的主张——也就是他的下述看法：我们可以在经由我们从前试图正确行事，只做善事的努力所产生的成功与失败的特殊混合体的基础上，改变我们关于正当和善的观念。……这就正像某些生物种类是通过发现下面这一点而进化成其他种类的一样：它们的祖先为了应付其环境而发展起来的某些习性，已经变成了应付一个变化了的新环境的不利障碍。……（所以），灵活性、关联性和兴趣就是一些值得追求的目的。……那些弗洛伊德式的有关内心道德冲突的说明，那些有关可供选择的社会生活形式的人种学描述，文学和艺术领域内的实验主义等等，已经使我们能够越来越容易地运用杜威式的问题——诸如'我将参与的是哪种类型的社群生活？''我应当试图成为哪种类型的人？'等等——来取代那些康德式的问题：'我应当做些什么？''我可以希望什么？'以及'人是什么？'"[40]

注　释：

① 理查德·罗蒂：《实用主义的后果》（明尼阿波利斯：明尼苏达大学出版社，1982），第 XXXIII 页。

② 康德:《道德形而上学的原理》,刘易斯·怀特·贝克英译本(印第安那波利斯:鲍勃斯-麦瑞尔出版社,1959),第 5 页。康德所说的"其他的理性存在者"到底意指什么,对我来说始终是一个谜。我猜测他的意思是指某种类似于天使的东西。当然,也许他已经远远超出了他那个时代,相信有一天人们将会从事太空旅行、并且最终会遇见外星人?

③ 康德:"对'什么是启蒙'这个问题的回答",载《永久的和平以及其他论文》,泰德·休姆夫瑞斯英译本(印第安那波利斯:哈考特出版社,1992),第 41 页。

④ 康德:《道德形而上学的原理》,第 9 页。

⑤ 康德:《道德形而上学的原理》,第 39 页。

⑥ 康德:《道德形而上学的原理》,第 18 页。

⑦ 康德:《道德形而上学的原理》,第 52—54 页。

⑧ 康德:《道德形而上学的原理》,第 68—69 页。

⑨ 康德:《道德形而上学的原理》,第 71 页。

⑩ 康德:《道德形而上学的原理》,第 82 页。

⑪ 理查德·罗蒂:《偶然性、反讽性与亲和性》(剑桥:剑桥大学出版社,1989),第 XIII 页。

⑫ 理查德·罗蒂:《偶然性、反讽性与亲和性》,第 XV 页。

⑬ 理查德·罗蒂:"弗洛伊德与道德反思",载《论海德格尔和其他人——哲学论文集第 2 卷》(剑桥:剑桥大学出版社,1991),第 158 页。

⑭ 康德:"对'什么是启蒙'这个问题的回答",载《永久的和平以及其他论文》,第 42 页。罗蒂虽然是一位启蒙运动的批评者,但他并没有批判这个运动在政治领域内的产物——民主与建立自由国家。他所批判的只是这些观念的形而上学基础。

⑮ 读者不妨比较一下康德在"世界公民观点下的普遍历史观念"一文中提出的前三个命题：1. 一个受造物的全部自然秉性，都注定了要得到合乎它们自身目的的充分发展；2. 在作为地球上唯一有理性的受造物的人身上，这些自然秉性的目的就在于运用人自身的理性；它们也将因此得到充分的发展——不过不是以个体的形式实现的，而是以族类的形式实现的；3. 大自然所意欲的东西就是：人可以完全通过自身而创造出超越其动物性存在的机械构造之上的一切东西，并且除了人自身的那种不依赖于本能，只需要凭借其独有的理性就能获得的幸福或完满之外，不再去分享其他任何一种幸福或完满。载《永久的和平以及其他论文》，第30—31页。

⑯ 理查德·罗蒂："作为一种写作的哲学——论德里达"，载《实用主义的后果》，第90—91页。

⑰ 理查德·罗蒂：《偶然性、反讽性与亲和性》，第 XVI 页。

⑱ 理查德·罗蒂："弗洛伊德、道德和解释学"，载《新文学史》第 12 期（1980），第 178 页。

⑲ 在《偶然性、反讽性与亲和性》一书中，罗蒂从尼采、马塞尔·普鲁斯特（Marcel Proust）、弗拉迪米尔·拿勃科夫（Vladimir Nabokov）这样一些典范作家那里，发现了一些可以帮助人们重新创造有关他们"自我"的故事的模式。毕竟，尼采是哲学家，而普鲁斯特和拿勃科夫则是小说家；因此，人们当然也可以期望从他们那里获得一些帮助。不过，我认为，罗蒂对弗洛伊德的解读是尤其值得探讨的，因为在这种解读中，他把弗洛伊德看成是一位能够在这一进程中提供某些初看起来似乎是令人震惊的帮助的人物。

⑳ 理查德·罗蒂："弗洛伊德与道德反思"，载《论海德格尔和其

他人——哲学论文集第 2 卷》，第 157—158 页。

㉑ 理查德·罗蒂："弗洛伊德与道德反思"，载《论海德格尔和其他人——哲学论文集第 2 卷》，第 160 页。

㉒ 理查德·罗蒂："弗洛伊德与道德反思"，载《论海德格尔和其他人——哲学论文集第 2 卷》，第 149 页。

㉓ 理查德·罗蒂："弗洛伊德与道德反思"，载《论海德格尔和其他人——哲学论文集第 2 卷》，第 151 页。

㉔ 理查德·罗蒂：《偶然性、反讽性与亲和性》，第 161 页。

㉕ 亚里士多德：《尼各马可伦理学》，第 1 卷第 7 章，理查德·迈克昂英译本。

㉖ 亚里士多德：《尼各马可伦理学》，第 10 卷第 8 章。

㉗ 让-保罗·萨特：《存在主义与人类情感》（纽约：哲学图书馆出版社，1957），第 15 页。

㉘ 让-保罗·萨特：《存在与虚无》，哈策尔·巴恩斯英译本（纽约：华盛顿广场出版社，1966），第 126 页。

㉙ 让-保罗·萨特：《存在与虚无》，第 724、735、784 页。

㉚ 让-保罗·萨特：《存在主义与人类情感》，第 28 页。

㉛ 让-保罗·萨特：《存在与虚无》，第 797 页。

㉜ 理查德·罗蒂：《偶然性、反讽性与亲和性》，第 29 页。

㉝ 理查德·罗蒂：《偶然性、反讽性与亲和性》，第 33 页。

㉞ 理查德·罗蒂："弗洛伊德与道德反思"，载《论海德格尔和其他人——哲学论文集第 2 卷》，第 157—158 页。

㉟ 《西格蒙特·弗洛伊德心理学著作全集》（标准版），詹姆士·斯特拉奇英译本（伦敦：荷加斯出版社，1963），第 16 卷，第 302 页。

㊱ 理查德·罗蒂：《偶然性、反讽性与亲和性》，第 73 页。

㊲ 理查德·罗蒂："弗洛伊德与道德反思"，载《论海德格尔和其他人——哲学论文集第 2 卷》，第 155 页。

㊳ 理查德·罗蒂：《偶然性、反讽性与亲和性》，第 73 页。对于这句反讽性的格言，也许可以加上一个限定。罗蒂似乎在涉及他人遭受的苦难问题时保留了一个例外。这种苦难是不能重新描述的。它是社会构造的一个组成部分。下一章将会讨论这个问题。不过，在这里我们所讨论的主题，是与公共伦理相对立的隐私道德。这一点是不是会导致某种意味深长的不一致，取决于罗蒂如何考察公共性与隐私性之间的区别。由此诱发的一个问题是：一个人是不是能够在隐私状态中像他所希望的那样成为反讽性的，而处身公共生活中的公民又具有社会性的希望、并且关注其他人的感受呢？

出于简洁性方面的考虑，在这一节的剩余部分，我将在正文中直接标明理查德·罗蒂的有关论述的出处。括号里的页码是指《偶然性、反讽性与亲和性》一书的页码。

㊴ 路德维希·维特根斯坦：《逻辑哲学论》，D. F. 波斯和 B. F. 麦克圭尼斯英译本（新泽西：人文科学出版社，1974），第 74 页。

㊵ 理查德·罗蒂："位于黑格尔与达尔文之间的杜威"，载《真理与进步——哲学论文集第 3 卷》（剑桥：剑桥大学出版社，1998），第 303—306 页。

4 社会与道德

导言

在上一章里，我们着重考察了罗蒂有关个体性自我创造的观念。它是我们关于罗蒂整个道德观的两部分讨论计划中的第一个部分。在个体性自我创造的隐私性领域内，所谓道德，主要涉及到人格完善的愿望怎样才能实现的问题。人们可以自由地讲述任何听起来有趣的故事。灵活性、创造性和个体性的价值，被当作一般的实用主义原则而受到鼓励。不过，这些隐私性故事却是建立在个体性幻想的基础之上的；因此，对于这些故事的范围和内容，也不存在任何限制。哲学家们可以自由地讲述有关其他哲学家的有趣故事；诗人们可以创作出有关其他诗人的故事；小说家们也可以写出有关其他小说家的故事，等等。然而，一个人除了创造一幅隐私性的自我形象之外，他同时也是某个社会中的公民；他就生活在这个社会之中，并且可以通过这个社会而拥有满足他自己的个性化幻想的自由。所以，在自我创造的自由之外，对于后一种公共性领域内的自由，必定存在着某种限制。人们对于社会拥有某些公共性的义务，这些义务有别于他们对于自我创造的隐私性关注。必定存在着某种创建社会结构的方式；某种社会粘合剂必须被用来帮助维系社会的联结。这样，在隐私性的完善之外，还需要有公共性的责任。因此，在这一章里，我们将要考察罗蒂著作中有关社会凝聚力的价值和公共性道德的创造等问题。

罗蒂有关社会生活中道德问题的解释的大部分内容，主要是围绕他对自由的民主制的信念这一中心展开的。罗蒂坚定地信赖作为一种统治方式的民主制；但是，他并没有提出一种哲学理论，来对民主的价值做出解释。换句话说，他"想在抛弃启蒙运动的理性主义的同时，维护启蒙运动的自由主义。"[1]罗蒂旨在用来取代理性主义和哲学的东西，就是关于民主的故事；因为在他看来，这个故事将会是足够好的。不过，对于罗蒂来说，这似乎是一项胆战心惊的任务。正如罗蒂充分意识到的那样，有关公民德性的观念（这些观念已经在传统中被逐渐灌输到西方文化的国家概念之中了），"来源于某种普遍的人类能力或良心；拥有这种能力或良心，就构成了每一个人的特定人性。正是这种能力，赋予了个体性的人以尊严和权利"。[2]然而，正像我在前一章里已经指出的那样，罗蒂根本否认存在着诸如"特定的人类能力"这样的东西。这样一来，罗蒂究竟是怎样仅仅在某个好故事的基础之上着手创造一种正义感的问题，便将成为这一章讨论的焦点。不过，在开始讨论罗蒂的公共性道德观之前，我们有必要先进行一番简短的概述，以说明蕴含在作为一个普遍性概念的正义观念之中的那种理性能力的观念。

正义、普遍性与理性

在西方哲学传统中，讨论正义、普遍性与理性之间的关系问题，已经有很长一段历史了。对于许多曾经讨论过有关道德和合法性社会概念的思想家来说，这也是一个占主导地位的问题。柏拉图、阿奎那和康德可以说是这些思想家中最重要的三个人物。他们中的每个人，都曾经为那种包含着对正义的普遍关注的健全社会和合法秩序铺下了奠基石。

柏拉图在试图创建理想国的时候，主要关注的一个问题，就是隐私性幻想与公共性责任之间的相互关系。他很清楚隐私性的幻想会怎样地扰乱公共性的秩序。于是，他不得不加以说明的一个问题就是：怎样才能找到一种手段，以便控制那种无限制的隐私性自由的反社会效应。为了突显这个问题，柏拉图讲述了一个有关他认为是不受约束的个体性自由可能会导致的后果的故事。

　　如果人们能够拥有吕底亚人古各斯的祖先所拥有
的那种权利，那么，我所说的那种（人们想做什么就
做什么的）自由就会很容易实现。那个故事是这样说
的：这位祖先是一个牧羊人，在当时吕底亚的统治者
手下当差。有一天，在一阵狂风暴雨之后发生了地震；
在他牧羊的那个地方，地面裂开了，露出了一道深渊。
他虽然被这幅景象惊呆了，但还是走了下去。在深渊
里面，他不仅看到了许多新奇的玩艺儿……而且还看
到了……一具尸体，除了手上戴着一个金戒指之外，
身上什么都没有。他把金戒指取下来，然后就走出了
深渊。当时这些牧羊人有个规矩，每个月都要开一次
会，以便把羊群的情况向国王报告。他就戴着那个金
戒指去开会了。他跟大伙儿坐在一起，谁知当他碰巧
把戒指上的宝石朝向自己的手心一转的时候，其他人
就看不见他了。……当他意识到这一点之后，他马上
就想方设法谋到了那个向国王汇报的信使职位。当他
来到国王身边的时候，他就勾引王后，跟她同谋杀死
了国王，夺取了王位。

　　照这样看，如果有两个这样的戒指，而正义的人
与不正义的人各戴一个，我们可以想象，没有一个人
能够坚定不移地继续沿着正义的道路行进，也没有一
个人能够克制住自己不去拿别人的财物。既然他能够
在市场里想拿什么就拿什么，或随意穿门越户想跟谁
的妻子睡觉就跟谁的妻子睡觉，或想杀谁就杀谁，想

从监狱里放走谁就放走谁，总之就像一位神灵一样，他就会随心所欲地去做任何他想去做的事情。……既然在任何场合下，一个人只要认为他可以不受惩罚地去做不正义的事情他就会这样去做，那么，当然也就不会有任何人在私下里会真正相信正义是善的了。③

我们可以在几个不同的层面上解读柏拉图的这个故事。而我则打算在下面把它从它原初所在的那个文本处境里稍微抽出来一点对它加以考察，因为这个故事其实是任何一种社会理论在探讨如何才能创建健全社会的过程中必然会面对的一个戏剧性事例。不过，对于柏拉图来说，关键的问题却取决于严格意义上的字面解读。他的观点是这样的：无论一个个体在私下里会怎样谈论善或德性，他都只是因为不可能不留后患地为所欲为，才会约束自己不去从事那些不道德的行为。人们可以很容易相信这一点：只有当一个人几乎是别无选择的时候，他才会成为一个正义的人。人们可以假定，那个牧羊人在发现金戒指之前，本来也是一个正派的人。不过，一旦拥有了不受惩罚地从事不道德行为的机会，他就会像几乎其他所有的人一样，利用这个机会为非作歹。因此，在柏拉图看来，限制暴力的可能性，在很大程度上并不仅仅取决于自愿的合作。

在《理想国》中，柏拉图的终极目的就是试图证明：只有一种类型的人，才能不去利用那种不受惩罚地从事恶行的机会；这种人便是哲学家。只有那些曾经接受过辩证法艺术训练的人，才能真正了解正义的意义；也只有他们，才能够无论在私下里，还是在公共生活中，都始终维系着心灵的纯洁。个体灵魂的正义与城邦国家的正义，都是建立在这种哲学理解的基础之上的。举例来说，苏格拉底就是那种无论境遇如何，总是能够体面行事的人。只有在我们不仅理解了苏格拉底所说的话，而且还看到了苏格拉底的所作所为之后，柏拉图的其他许多对话才能得到解读。因此，柏拉图对于社会正义问题的解决方案只允许少数几个人能够拥有那种随心所欲地从事思考和行为的自由。柏拉图显然认为：只有少数男人或女人才会在本性上类似于苏格拉底；因此，他发明了一种政治制度，这种制度可以确保在一个正义的社会里，有一个由正义的个人构成的阶级。所以，他曾经（耸人听闻地）宣布："除非哲学家成为统治这些国家的国王，或我们目前称之为国王和统治者的那些人能够真诚严肃地追求哲学智慧——也就是说，除非政治权力与哲学智慧完全合而为一，而那些目前只能够得此失彼，不能兼有的庸碌之辈被排除出去，否则的话，在我看来，我们这些国家乃至整个人类都将祸害无穷、永无宁日。……而我之所以会一再踌躇，不肯说出这番道理的缘故，就是因为我知道：我一说出来，人们就会指责我是在发奇谈怪论；因为一般人很难面对这个事实：除了这个办法之外，其他任何办法都不可能既给公众、又给个人带来幸福。"④

正如苏格拉底在《申辩篇》中所解释的那样，他也许是跌跌撞撞地偶然发现了那条哲学的道路；或像他在《会饮篇》中所解释的那样，他是由于一位来自曼提尼亚的女人狄奥提玛的启示才洞察到了哲学的秘密。然而，柏拉图在《理想国》中却认为：人们可以通过学习掌握哲学。在柏拉图看来，这个学习的过程也就是灵魂转向的过程，以至于灵魂不再关注肉体，而只是内向性地遨游、观看理式的世界。所以，正像有一只肉体之眼关注着可见的世界一样，也有一只灵魂之眼——亦即理性——关注着普遍真理的不可见世界。柏拉图说，"……理性的德性似乎是属于某种神性的东西的"。⑤因此，正义也就在于对这种"神性"的知识的哲学理解。这样一来，正义在城邦国家中实现的可能性，也就依赖于那些理解正义理式的为数不多的个人，依赖于他们能够在社会生活中占据权威性的地位，以便维系一个正义的国家。

对于如何为民法和正义社会提供永恒基础的问题，托马斯·阿奎那也表现出了类似的兴趣。他据以思考问题的那个理论架构也许与柏拉图的有所不同，但在涉及正义问题的时候，结果却并无二致。作为一位基督徒，在阿奎那看来，无限制的隐私性自由严格说来并不像柏拉图认为的那样是与幻想和自由相关联的（杀死国王而娶王后或许会使弗洛伊德感到十分惬意），而毋宁说是一个有关原罪的更为深层的神学问题。对于一个秩序谨严的社会来说，天生的腐化、内在的堕落、软弱的意志再加上自由，就构成了一种具有爆炸性的混合物，形成了一股具有潜在危险的破坏性力量。但是，如果我们撇开柏拉图与阿奎那各自偏爱的有关人性的特定观念不谈，在阿奎那这里，理想依然寻求一个永恒的社会基础。在他看来，这就意味着：对于正义的追求，必须远远超出那些仅仅是通过人类的努力而产生的任何东西的范围之外。阿奎那说：

> 既然一切从属于神性天意的事物都要接受永恒法的统治，并且都要依据永恒法来加以衡量……那么很明显，所有这些事物也都会以某种方式分有永恒法。也就是说，它们都会打上永恒法的印记，并且从永恒法那里派生出它们各自的倾向，指向它们本来应该具有的行为和目的。而在所有的事物之中，有理性的受造物又是以一种更完美的方式从属于神性的天意，并且分有着神性的天意的。……所以，他们也就分有着永恒的理性，并且凭借着这种分有而具有了一种自然的倾向，指向他们本来应该具有的行为和目的。有理性的受造物对于永恒法的这种分有，就被称之为自然法。⑥

> 如果人类法分有的是正确的理性，它就具有法的本性；而十分明显的是，在这种情况下，它同时又是从永恒法中派生出来的。不过，如果人类法偏离了理性，它就是一种不正义的法，并且因此不具有法的本性，而是具有暴力的本性。⑦

阿奎那对于理性神学的关注（这种关注是与原教旨主义者对于启示神学的关注很为不同的），使他有机会为了维系一个正义的社会而提出某种建议。如果说许多原教旨主义者往往都会因为社会与基督徒不相干而试图漠视社会，认为人们真正的家园其实是在天国里，而不是在尘世中，并且因此倾向于简单地认同人世间的任何世俗法律都是合适的；那么，阿奎那则试图把基督教变成一种维护社会正义的力量。人们当然可以通过有关信仰、恩宠和彼岸生活的超自然启示而赎解自己的罪过；不过，与此同时，理性也是上帝给予生活在尘世中的人类的一种恩赐。所以，阿奎那相信，他对哲学与宗教、神性与世俗、理性与启示所做的综合，可以为人类提供一个机会，以获得某种永恒的、因而也是普遍的视点，并且凭借这个视点指导人们、规范社会。人们只需把人类法建立在永恒法的基础之上就够了。公正的社会总是以神性的正义为原型的；而能够达到这一目标的中介性力量，便是理性的那种理解神性天意的能力。理性可以通达上帝为人类制订的计划。所以，如果人们创立的民法能够体现上帝谋划的公正社会，他们就能够以一种最佳的方式为上帝以及为他们自己服务。

康德也同样认为，公民社会必须建立在有关正义的普遍性原理的基础之上。这是因为：只有在公民国家的范围之内，强制才能得到合法的运用。在公民国家之外也会存在强制；不过，它并不必然具有合法性。也就是说，只有在公民国家中，才会存在着某种原理，它能够确保强力被

用来保护所有人的权利。在康德看来，道德应当成为合法
性的基础；而他的道德观又是以下述观念为基础的：每个
个体都有去做他所意欲去做的事情的自由。然而，一个人
为了使自己的个人意欲不与其他人的意欲发生冲突，就应
当在道德上只去意欲那些可以被普遍地意欲的东西；这与
绝对命令相一致。在一个完美的世界里，由于每一个人都
会根据普遍性的原理，只去遵循那些与所有人的意欲一致
的意欲，所以不会出现任何问题。不过，当人们不能把自
己的自由与其他人的自由同等看待，因而出现冲突的时候，
就不得不运用某种更强大的力量，来使这种同等看待成为
可能。所以，在一个国家中，就需要民法来把道德与合法
性统一起来。然而，这些民法的力量却不应该是任意专断
的；否则的话，就会违反关于自由和平等的道德要求。国
家必须成为所有人的权利的保护者；因此，它也必须建立
在普遍的立法原理的基础之上。康德说：

> 虽然经验告诉我们，在某种外部的强制性立法之
> 前，人们总是生活在暴力之中，并且时刻准备着彼此
> 争斗，但是，并不是经验才使得这种公共性的强制成
> 为必然的。公共立法的强制性的必然性不是依赖于事
> 实，而是依赖于某种理性的先天理念。⑧
> 严格意义上的正义，依赖于……有关外部强制的
> 可能性的原理，而这种外部的强制则是与每一个人所
> 具有的符合普遍性法则的自由彼此兼容的。⑨

　　所谓的国家（civitas），就是处在符合正义的法律
统治之下的一大群人的联合体。既然这些符合正义的
法律必然是先天性的，并且遵循着有关外部正义的一
般性概念（也就是说，不是由成文的法规法令确立起
来的），那么，这种国家的形式也就会具有一般性国家
的形式，亦即符合那种应当根据正义的纯粹原理建立
起来的国家的理念。这一理念就为人们在政治共同体
中组成的每一个实际的联合体提供了一种内在的指导
和典范。[10]

　　因此，在康德看来，正义的国家就是这样一种可能性，
它只有在法律与道德契合无间的情况下才会存在。也就是
说，在这种正义国家的法律背后，还必须存在着某种先天
性的基本原理。只有这样，每一个体才能够确定无疑地相
信：在一个人自己的各种隐私性意欲之间展开的冲突，不
至于转化为与其他人的意欲之间的暴力冲突。在公共生活
中，每个人都必须服从法律的规则；因为他们知道，这些
规则代表着对于正义的普遍关注。在这里，理性又一次扮
演着主导性的角色。只有在存在着理性能力的地方，才会
存在着正义的国家；而人类恰恰就具有这种理性的能力。
因此，在康德看来，理性就是唯一有可能为公民国家提供
某种普遍性基础的中介因素。

　　倘若与更青睐君主政治的阿奎那相比，或是与更青睐
贵族政治的柏拉图相比，康德可以说更相信一种共和制的

政府形式。也就是说，在一个正义的国家里，必须有一个分立的、不同于行政权力的立法群体；而这个原则在柏拉图和阿奎那那里却是缺失的。进一步看，与阿奎那和柏拉图形成鲜明对照的，还有一个哲学家的地位问题。按照康德的国家观念，哲学家既不应该成为神学的婢女（阿奎那），也不应该成为政治上的专制君主（柏拉图），而是应该在国家中（单纯地但又是必然地）代表着理性的声音。公共生活的空间也就是理性的领地。正如康德陈述的那样，"我们既不应该期待，也不应该意欲国王成为哲学家或是哲学家成为国王，因为拥有权力不可避免地会败坏理性的自由判断。不过，无论国王，还是那些（按照平等的法律统治他们自身的）享有统治权力的人们，都不应该让哲学家这个阶层消失不见或是保持沉默，而是应该让哲学家公开讲话；因为这种启蒙对于他们从事的事业是不可或缺的。同时，鉴于这个哲学家的阶层就其本性而言不会煽动叛乱或是结党营私，他们也不可能被怀疑为是玩弄宣传伎俩的诽谤家"。⑪换句话说，在康德看来，哲学家就是社会中理性声音的卫士。既然正义在公民国家中应该是不偏不倚的，那么就必须有某个团体能够代表不偏不倚这个理念。这个团体应该把原理付诸实施，并且要求公正和平等受到尊重。人类的尊严也要求理性的尊严。而哲学家在社会生活中扮演的角色，便是保护和宣布这些要求。

这里不妨总结一下我们上面有关正义、普遍性和理性之间关系的讨论。虽然这三位思想家之间存在着不少差异，但他们在思考有关正义的问题时，却遵循着一种相似的模式。如果从他们之间区别的角度看，可以说，柏拉图想把社会正义与理式的实在联结起来，阿奎那则想说明正义是怎样反映着上帝用来矫正人类生活的那种永恒模式的，而康德想要论证作为一个抽象概念的正义可以怎样用来提倡人类社会生活的启蒙样式。至于他们之间的共同点，则集中表现在下面这种信念上：正义必须建立在某种非历史性原理的基础之上。他们中的每个人都相信，一个市民社会要想成为一个健全的社会，某种哲学上的证明是必不可少的。他们中的每个人都试图寻找一种观念，这种观念表达了公民国家可以由之构成的那种普遍视点。他们中的每个人都相信，人就其本质而言是理性的，而这种理性思维的能力又是一种超越了偏见的认知能力，因而也就是能够表现对于正义的关注的最佳手段。

不过，理查德·罗蒂却根本拒斥这种思考社会道德问题的方式。在他看来，我们根本没有办法逃避历史，而那种指向普遍视点的意欲对于道德来说甚至是有害的。根本就不存在像共同人性这样的东西，也不存在像理性这样的心智能力，可以用来指导国家的创立。事实上，在罗蒂看来，一个健全的社会并不依赖于哲学解释。如果根本就没有什么哲学解释，情况可能更好一些。在罗蒂看来，其就在于：社会能够不再相信它非得有一个基础不可。毋宁说，社会所需要的，只是一种有关人们可以怎样在社会状态中共同生活的更丰富的想象力。罗蒂解释说："情况似乎是，改变我们的道德直觉的绝大部分工作，并不是通过增进我们的知识实现的，而是通过掌控我们的情感实现的。这也就是我们之所以会认为并不存在像柏拉图、阿奎那和康德这些哲学家希望得到的那种类型的知识的一个原因。"⑫

民主、亲和性与种族中心主义

如果根本就不存在什么普遍的、无历史关联性的正义原理可以担保一个健全社会的种种要求得以实现，罗蒂又是怎样设法解释对于健全社会的需要的呢？如果人们不去求助于永恒性，他们又该从哪里发展出一种具有内聚力的社会构造来呢？在个体的隐私层面上，我们可以赞同下述信念：人们并没有一个共同的人性；因而，每个个体都可以自由地放纵那种个性化地创造自我的方式。然而，除非人们是一群厌恶与其他人交往的愤世嫉俗者，一群反社会的孤独者，一群隐居的修士，或是一群始终"在路上走"的嬉皮士，他们终究还是要设法提倡某种社会性的价值观。而在公共生活的层面上，个性化的隐私性创造就不得不受到某些限制，以便对某个共同的目的表示尊重。如果罗蒂对于柏拉图提倡的正义的永恒理式、阿奎那提倡的为人类安排的神性计划、康德提倡的合乎理性的信仰全不相信，他又该从哪里引申出社会性道德的原理呢？罗蒂看待问题的方式始终是这样的：总是存在着一些可能性，可供人们从中进行选择。他解释说：

　　反思着的人们可以凭借两种主要的方式，在某种更广泛的处境之中安排他们的生活，并且赋予这种生活以意义。其中的第一种方式，就是讲述有关他们对于某个社群做出的贡献的故事。这个社群既可以是他们生活在其中的那个实际的、历史性的社群，也可以是在时间和空间上很遥远的另一个实际的社群，同时也可以是一个纯粹想象性的社群，完全由从历史上或小说中挑选出来的几十个男女英雄所构成。第二种方式则是试图把人们描述为处在与某种非人格实在的直接关系之中的。这种关系在下述意义上是直接的：它并不是从这种实在与人们组成的部落、国家或想象出来的战友情谊之间的关系那里推导出来的。我想说的是：前一种类型的故事体现了那种指向亲和性的愿望，而后一种类型的故事体现了那种指向客观性的愿望。如果一个人寻求的是亲和性，她就不会去询问所选定的那个社群的实践与某种外在于这个社群的东西之间的关系是怎样的；而如果她寻求的是客观性，她就会把她自己与周围那些活生生的人们分离开来——并且不是通过把她自己看成是另外某个真实或想象的群体之中的一员来实现这种分离，而毋宁说是通过把她自己依附于某种无须与任何特定的人们保持关联就能得到描述的东西来实现这种分离。

　　西方文化传统是围绕寻求真理这一中心观念展开的；从古希腊哲学直到启蒙运动，一直都是如此。它是那种试图通过背离亲和性、转向客观性的途径在人们的存在中发现意义的努力的最清晰的例证。[13]

那些希望把亲和性植根于客观性基础之上的人们，可以称之为"实在主义者"。……那些希望把客观性还原为亲和性的人们，可以称之为"实用主义者"。……在亲和性的拥护者看来……人们的合作性探究的价值只拥有某种伦理学的基础，而不是拥有认识论或形而上学的基础。[14]

因此，罗蒂为人们提供的两种选择就是：要么是亲和性，要么是客观性。人们在试图解释社会内聚力的必要性时，要么参与到一个持续展开的社群的历史性存在之中，要么转向到某个支撑着人们置身其中的历史性生活的永恒原理那里。人们要么投身到某些故事的创造之中——社群正是通过这些故事界定自身的；要么去寻求对于某种原理的洞见——这种原理可以确保一个社群能够与某个比它的地区性故事更大的东西建立关联。人们要么把那种对于本土习俗的最高关注视为一种社会性的责任，要么把对那种显而易见的人性的尊重视为一种道德上的义务。人们要么去学习怎样表达实用主义关于值得相信的善的观念，要么去钻研实在主义试图发现真理的绝对基础的路径。罗蒂自己的选择则是一目了然的。我们的自由民主制的实践并不需要什么哲学性的基础。毋宁说，就像他解释的那样，"那些接受杜威实用主义观念的人们会说：虽然（民主）也许需要哲学性的阐发，但它并不需要哲学性的后盾"。⑮

因此，在罗蒂看来，亲和性——也就是那种主张社会性的希望（而不是形而上学的信念）就足以维系社会构造的内聚力的愿望——应当成为民主社会的基础。在公共生活的领域内，人们其实并不需要哲学的真理来指引国家这艘航船。罗蒂的建议是：人们应该首先把民主付诸实践，同时干脆取消对民主得以构成的那种方式的哲学证明。我想在这里甘冒天下之大不韪地斗胆说一句：假如让罗蒂重写《独立宣言》的话，他也许会把"我们认为这些真理是不言而喻的"这句话改写成："我们希望这些'真理'可以激励我们去建造一个民主的乌托邦"。毫无疑问，罗蒂在那个时代也许会是一位拙劣的革命者；不过，这只是因为他并不是生活在 18 世纪，而且也没有写下那些悦耳动听的革命性华丽辞藻。然而，罗蒂却是一位优秀的实用主义改革家。他说："……启蒙运动的希望本身并没有什么过错；正是这些希望创建了西方的民主制度。（不过），在我们这些实用主义者看来，启蒙运动理想的价值，其实也就是这些理想所创建的那些机构和实践的价值。"⑯换句话说，"虽然启蒙运动的理性主义词汇表对于自由民主制的开端来说是不可缺少的，但是，对于民主社会的维护和进步来说，它现在却已经变成了一种障碍"。⑰

就像托马斯·杰弗逊或其他任何一位立国之父一样，罗蒂也专心致志地献身于宪政。民主、宽容和自由这些基本的价值观创建了一种公共生活的领域，人们应该像启蒙运动的自由主义者那样富于激情地捍卫它们。罗蒂认为，如果我们要为今后的世世代代保卫民主的未来，所需要做的并不是对这些基本的价值观做出某种形而上学的证明，而是改变对这些基本价值观的实用主义阐发。对于**哲学**和形而上学的信念的丧失，并不意味着对于民主的信念的丧失。因此，罗蒂解释说："实用主义的下述建议是在实践性基础上提出来的：我们应该为我们的社群观念提供一个'单纯的'伦理学基础——或者说得更明白一些，我们认为，我们的社群观念除了我们共同享有的希望以及通过这种共享创建起来的信念之外，别无其他任何基础。"⑱

在当前这个时代，对于自由主义者来说，民主的价值观其实是实践性的。既然民主的机制正在发挥着功能，它们也就是在维护个体的"权利"（在罗蒂看来，这也就意味着个体可以自由地创造他们的自我认同），并且使得这样一种公共生活的领域成为可能：在这个领域中，人们彼此宽容他们在隐私性意欲方面存在的种种差异。而使罗蒂区别于启蒙运动自由主义者的东西主要就在于，他现在发现了抛弃下述主张的可能性：对于这些机制性的权利，需要做出形而上学的论证。毋宁说，这些民主的机制之所以是有价值的，仅仅是因为：它们构成了民主在历史上设法达到隐私生活与公共生活之间的妥协和解的那种方式的组成部分。举例来说，罗蒂曾这样陈述道："在实用主义者……看来，强调某些人拥有某些权利，仅仅是强调我们应该以某些方式对待他们，而不是要为我们以这些方式对待他们给出一条理由（reason）。"[19]

　　如果所有这些论述乍听起来好像有些种族中心主义
（ethnocentrism）的味道，那只是因为它确实如此。不过，
罗蒂似乎并没有因为他的这种种族中心主义的形式而觉得
自己应该陷入窘迫尴尬之中。这是因为，在罗蒂看来，有
两种类型的种族中心主义：一种是作为心胸狭隘的偏执观
念的种族中心主义，另一种则是作为理解自由民主制的伦
理学的实用主义形式的种族中心主义；二者之间存在着一
个意义重大的区别。全部问题产生于下述事实：任何对于
种族中心主义的信念，都不得不肯定这样一种观点：一个
人必须依据与他自己所属的那种文化的关联，才能够做出
各种各样的价值判断。用罗蒂自己的话说："成为种族中心
主义者，也就是把人类区分成不同的民族，而一个人则必
须向这些民族证明自己的信念和他人的信念。第一个群
体——也就是这个人自己所属的那个种族——可以与那些
足以分享他的这些信念的人们达成和解，以使富有成果的
对话成为可能。"[20]

　　不过，这样一种信念却会产生两个彼此有别的后果。
这也就是从绝对性的角度看待种族中心主义与从比较性的
角度看待种族中心主义之间的差异。从绝对性的视角看，
种族中心主义就是这样一种信念：一个人自己的文化、国
家、部落等等要比其他的文化、国家、部落更高级。通常
伴随着这种优越感而导致的结果，往好处说就是一个人觉
得他没有必要去聆听其他文化的声音，而往坏处说则是：

这种优越感使得对于其他文化的压迫变得正当合理了。这样一种不宽容的形式明显地有害于民主精神。然而，从比较性的视角看，种族中心主义则可以是这样一种信念：一个人自己的文化要比其他的文化好一些。当然，假如罗蒂并不相信民主制度要比其他任何形式的政治制度或文化生活方式好一些的话，他也许就仅仅是一位蹩脚的民主捍卫者了。不过，从整体上看，这样一种比较性评判的后果却是良性的。罗蒂解释说："……'本土性文化规范'的观念将会失去它所包含的那种进攻性、偏狭性的意蕴。现在，当我们说我们必定是依据我们自己的标准行事的，我们必定是种族中心主义者的时候，我们的意思仅仅是说：其他文化建议的那些信念，必须通过把它们与我们已经拥有的信念设法编织在一起的途径加以检验。……（不过），我们不应该依据那种可供选择的几何学模式来思考可供选择的文化。各种可供选择的几何学是无法达到谐调一致的，因为它们的结构是公理性的，是由几条彼此矛盾的公理构成的。它们之所以被设计出来，就是为了使它们之间无法达到谐调一致。但是，文化却不是这样设计出来的，它们的结构并不是公理性的。"㉑

所以，罗蒂有关种族中心主义的观念是与多元主义的民主观念根本一致的，而不是那种会通向某个孤立的、自我封闭的社会的种族中心主义——这样一个社会建立在诸如遗传性的排外主义、政治性的大国霸权或文化上的主宰地位这类东西的基础之上。罗蒂的观点当然是坦白直率的种族中心主义；但是，这仅仅意味着：它是从它所在的那种文化出发提出它的价值判断的。人们可以从启蒙运动那里汲取政治上的自由观念、公正观念和开放宽容观念，同时却又摈弃启蒙运动的下述哲学判断：这些信念必定是以真理、理性和人性为基础的。启蒙运动释放出来的那些历史性的力量，已经导致了某种多元文化的社会，而后者又转而通向了对于民主国家的信念。罗蒂解释说："我们的中产阶级自由主义文化并不是（一个自我封闭的单子）。恰恰相反，它是那种因为自己能够持续不断地敞开自身，扩展同情心而感到骄傲自豪的文化。……它有关它自身的道德价值的观念，建立在宽容多样性的基础之上。"㉒

在罗蒂的脑海里，存在着一个饶有趣味的隐喻；它涉及到那种提倡隐私性生活中的自我创造与公共生活中的相互宽容兼容并蓄的政治结构。我们可以通过下述例证看出这一隐喻：

> 我们可以鼓励人们建立这样一种世界秩序，其模式是一个由许许多多具有排他性的私人俱乐部环绕着的公共集市区。

> 你不可能再去建立那种古老时代的社群了，除非每一个人都能够在谁才能算是正派人；谁不能算是正派人的问题上保持充分的意见一致。但是，你却可以建立那种中产阶级民主类型的公民社会。你所需要的一切，就是当那些使你觉得完全格格不入的人们出现

在市政府、水果摊或百货店的时候，如何控制你的感受的能力。当这种情况发生的时候，你只需要尽可能地微笑，以最佳的方式与他们打交道；然后，在度过了讨价还价的艰难一天之后，你终于可以回到你的俱乐部之中。在那里，由于周围都是一些与你具有类似道德观念的伙伴，你将因此感到舒适惬意。[23]

人们可以把"私人俱乐部"看成是有关上一章谈到的隐私性自我创造领域的隐喻，而把"公共集市区"比作对于共同的公共性道德的需要。在隐私性领域里，无论是以个体性的形式，还是伴随有志同道合者，人们都可以随心所欲地参与到某种形式的伦理活动之中。而在公共性领域里，无论是以个体性的形式、还是伴随有志同道合者，人们都有必要允许一系列相当宽泛的道德差异的存在。诀窍仅仅在于：拥有那种可以在这两个系列的道德差异之间来回穿梭的能力。这似乎就是萦绕在罗蒂脑海中的那幅景象。罗蒂解释说："我想看到的是这些公共目的能够在下面这种大背景之下突显出来：那种有关隐私性目的的丰富多样性的观念，那种有关个体性生活的诗意特征的观念，以及那种有关隐藏在我们的社会机制之后的'我们—意识'（we consciousness）的单纯政治性基础的观念逐步得到增强。"[24]

在这一点上，人们也许可以坦率地怀疑罗蒂的下述主张：除了种族中心主义之外，民主并不需要任何哲学性的基础。人们也许还会要求罗蒂做出解释，为什么人们应该把自己置于这样一种国家之中？难道一个无法把自己置于任何比它自身更大的东西之中的国家可以被证明是正当合理的吗？换句话说，如果我们不可能诉诸于任何更高层面的规范性原理来评判民主的价值，那么情形似乎就会是：罗蒂已经切断了民主与那种一直被认为是它的最强大支柱之间的关联——这个支柱就是：民主之所以是值得称赞的，就是因为它对真理的奉献。但是，罗蒂并不认为他在这个问题上会遇到任何麻烦。他陈述说："……（我）十分高兴地承认，我们从事的某种循环论证，某种通过引证另一种文化，或通过依照我们自己的标准对于我们的文化与其他文化展开容易招致反感的比较的途径，而使我们文化的某个特征看起来好一些的论证，就是我们试图得到的唯一论证。"[25]

在其他几个地方，罗蒂也提出了一种类似的，但同时又似乎是更宽泛的主张。他说："实用主义在论证宽容、自由探究和追求不受扭曲的交往这些习性的正当性时，只能采取这样一种形式：将那些体现了这些习性的社会与那些没有体现这些习性的社会加以比较，由此得出一个建议，没有人会偏爱后一种社会。"[26]我们同时也可以注意他的下述命题："……对于其他文化的代言人来说，我们应该做的，就是指出自由机制在实践上的优点。"[27]

不过，后面这种主张却存在一些问题；这也是我为什么要说它是一种论证自由民主社会的正当性的"似乎是更宽泛的"方式的原因所在。诚然，人们也许有可能通过对自由民主制与另一种非民主制度之间的对应比较，分别评判它们各自的长处和弱点，而最终得出这样一个结论：自由民主制是一种更好的选择。或者，人们也许能够想象：某个生活在另一种——举例来说——不提倡宽容异己者的文化之中的人，在了解了提倡宽容异己者的民主制度之后，会得出这样一个结论：民主制度是他更喜欢的一种制度。不过，在第一种情形中，也就是在那种涉及到不偏不倚的公正判断的情形中，其实根本就不存在什么中立的标准，我们可以据以提出一种真正比较性的判断。而在第二种情形中，也就是在那种涉及到某个不熟悉自由民主制价值观的人的情形中，如果这个人在其中获得了做出价值判断能力的那个社会从来都不知道宽容的好处的话，似乎也不会存在那种把宽容异己者视为有价值的观念的路径。所以，罗蒂的下述主张——"对自由社会的正当性进行论证，也就是直截了当地从事一种历史性的比较，亦即与其他建构社会组织（以往时代的那些社会组织以及凭借乌托邦构想出来的那些社会组织）的努力展开比较"，[28]也就等于是向已经皈依了的信徒展开说教。如果罗蒂能够摈弃这样一种观念——在人们已经听说了民主的价值、或在试图向那些还没有体验到自由民主价值观的人们指出了"自由机制在实践上的优点"之后，"没有人会偏爱"任何不像民主文化那样好的文化——他的情况也许会更好一些。只有对于那些已经生活在拥有一个关于民主价值观的丰富词汇表的文化之中的人们来说，诉诸于这种价值观才是有意义的。[29]

　　无论如何，在促使目前已经存在的自由民主社会的成员确信（说服他们?）无须拥有某种哲学或宗教上的基础也可以论证民主价值观的正当性方面，罗蒂将会遇到一个很大的困难。无须求助于这样一种普遍性的诉诸，就能够使有关民主的论证成为可信的观念，即使不是一个兜圈子的循环论证，也必定是异乎寻常的（也就是说，它肯定不是论证民主价值观的正当性的传统方式的组成部分）。因此，罗蒂也许会由于这一悖论而挑起一场激烈的争论。改变其他人的语言习惯和道德预设，取决于其他人以各种不同的方式做出的回应。然而，这一点又取决于其他人是不是能够了解所言说的东西的意义。但是，是不是能够了解所言说的东西的意义，又取决于所言说的东西是不是适合于人们的语言传统。不过，罗蒂也可以如是言说以对此做出简单直接的回应：在一个常常高度评价非传统行为方式的社会里，一种非传统的论证可以完美地发挥其效应；并且，无论怎样去做，归根结底最终都必然是一些循环的论证。罗蒂说："我将会同意，这类忠诚或确信的道德力量，**完全**在于这类忠诚本身，（也就是作为某个家庭、社群、国家或民族的成员，作为这一历史的承担者，或作为那场革命的子女所拥有的忠诚本身）；此外的其他任何东西，都不会具有任何道德力量。"[30]

　　现在，我想着手把构成罗蒂处理社会道德问题的各种不同思路联结起来。在这一节的开头部分，我引用了罗蒂的下述论点：个体在赋予他们自身所属的文化以意义的时候，可以采取两种方式。一种方式就是由某种非历史性原理（诸如正义的理式、上帝的意志或理性等等）出发寻求对它的确证，这种原理会在某种客观性的概念中确立起一个社群的价值观。另一种方式则是转向那些构成社会的个体，并且把一个社群的价值观建立在这些个体共同分享的希望和信念的基础之上。为了表明后面这种方式如何可能，罗蒂发展出了一种种族中心主义的观念。除了其他种种因素之外，构成一个文化的东西就是一种共同的语言和一种共享的历史。罗蒂又进一步从这种语言和历史观中，推出了他用以解释各种价值观的方法。他陈述说："我们应该认真对待的东西……就是由我们的童年教养、我们的历史境遇所决定的东西。"③¹ "……道德原理……只是在它们锲入了一整套机制、实践、词汇表或道德和政治审慎的默契关联的范围之内，才会具有意义。"③²这样，构成一个共同的道德词汇表的东西，也就是那种形成"我们—意向"（we intentions）的能力。某种道德的正当性是通过下述信念得到论证的：这就是"我们"在我们的文化中行事的那种方式。

在作为社会伦理基础的客观性与亲和性之间存在的差异，也许可以通过下述途径得到解释：尝试着比较一下人们用来理解应该怎样对待——举例来说——一个看起来像是陌生人的邻居的方式。一方面，从某种宗教性的视点看，一个人对待其他人的道德方式，依赖于这样一种信念：他们都拥有灵魂；因而，上帝就命令这个人去爱其他人。与此相似，从启蒙运动的理性视点看，一个人对待其他人的道德方式，依赖于这样一种哲学观念：他们都具有某种共同的人性；因而，理性就要求这个人应当尊重其他人。另一方面，从亲和性的视点看，一个人对待其他人的方式，则依赖于这样一种种族中心主义的主张：其他人言说着我们的语言；因而，伦理的习俗就要求我们迄今为止一直宽容地对待邻居，并且将来我们也应该继续这样做。罗蒂解释说："只有当我们不再把道德看成是我们自己的神性部分所发出的声音的时候，只有当我们转而把道德看成是我们自己作为某个社群的成员，作为某种共同道德语言的言说者所发出的声音的时候，我们才能持续拥有'道德'这一观念。"③

不过，对于一种有关伦理学的种族中心主义的理解来说，一个更为意味深长的问题是：人们究竟应该如何对待某个并非属于他们自己那个社群，也不是后者共享语言的使用者的彻头彻尾的陌生人（而不是一位邻居）呢？倘若从客观性的视点看，上面给出的那种论证将会同样得到贯彻；也就是说，这位陌生人可以照样期待得到爱或尊重。关于道德普遍性的主张是宗教和启蒙运动的价值体系的组成部分，这些体系要求一视同仁地对待其他一切人，而不管他们的当下状态如何。然而，倘若从亲和性的视点看，根本就不存在什么普遍性的道德主张；因此，如果某个人处在我们的种族之外，他的当下偶然的境遇也就潜在地意味着：他无法期望能够照样得到我们的甚至是具有最小宽容性的对待。如果这个人不是通过历史或语言属于我们之中的一员，这不是就意味着他没有资格得到基本的承认，因为他并没有灵魂或没有人性吗？罗蒂是这样解释这种情况的：

> ……在森林里发现了一个四处漂泊的孩子，她是一个经历了大屠杀的民族的幸存者，这个民族的神殿已经被夷为平地，书籍也被焚烧一空；因而，她也不再享有人的任何尊严。结果确实如此。不过，这并不等于说：我们可以像对待一只动物那样对待她。这是因为，我们这个社群的传统就在于：接纳那些已经被剥夺了一切尊严的陌生人，并且重新给予他们以尊严。我们传统所包含的这种犹太教和基督教的因素，也被像我自己这样爱占小便宜的无神论者充满感激之情地接受下来了。[34]

> 为什么我应该关怀一个陌生人呢？传统给出的答案……是：……这是我们承认他与我们一样属于同一族类而应该承担的义务。（但是），这个答案从来都不是特别令人信服的，因为它回避了……下面这个难题：是不是仅仅属于同一族类这一点，就能够在事实上成为更亲密的血缘关系的充足替代物？

> 对于上述问题的一种更好一些的答案，则是这样开始的一个漫长、悲哀、具有感伤情调的故事："因为她的处境居然是这个样子的——远离家庭，置身于陌生人之间"；或"因为她也许会成为你的儿媳妇"；或"因为她的母亲会为她伤心悲痛的"。[35]

这样，罗蒂实际上就特别强调了那种可以被感伤故事打动的能力所具有的意义。如果可以激起正当合适的情感，我们就可以期待正当合适的行为会接踵而来。的确，我可以同意罗蒂的下述看法：我们有必要远离那些支撑着有关道德的普遍性原理的形而上学主张；伦理学上的那种一般性原理也会遇到种种问题，因为它们无法激励人们从事正当合适的行为。它们的抽象性常常难以在人们的内心深处引起回应性的共鸣，因此也无法引导人们采取行动。相比之下，情感性的教育，却往往可以被看成是一种倡导道德正派的合适方式。

不过，在这种类似于柏拉图的理想国规划的机制中，又会直接呈现出一个问题。[36]柏拉图也意识到，我们需要一些道德故事的讲述者，他们应该在社会的伦理发展中扮演某种中心人物的角色。然而，柏拉图的解决办法是："我们似乎必须首先监督这些讲故事的人。"[37]因此，如果罗蒂也打算让诗人和故事讲述者在他有关健全社会的观念中扮演某种中心人物角色的话，那么，他是不是也需要某种政策或是警察力量来监督这些诗人和故事讲述者，以便让他们只讲述那些正当的故事呢？审查制度的问题是不是会重新抬起它那丑陋阴险的头颅？谁来控制他们讲述的故事呢？是不是将会出现一个管理道德教育的官方机构？我推测，罗蒂的回应也许是说：让我们允许各种各样的故事百花齐放吧，同时也希望存在着足够良好的实用主义观念，可以根据各个故事引起的后果而对它们做出评判。

结语

为了处理人们究竟应该怎样理解伦理学这个困难的问题，罗蒂想要坚持的观点就是：在有关个人完善的隐私性观念与有关道德正派的公共性观念之间，应当存在着某种彻底的分离。他说："我的'诗化了的'文化是这样一种文化，它已经放弃了那种试图把处理一个人的有限性问题的私人方式与一个人对于其他人所具有的义务观念统一起来的努力。"[38]不过，这似乎就意味着：一个人不得不把自己看成是某种分裂性的东西，也就是分裂成两种不同类型的人。然而，既然从罗蒂的观点看，在自我之中根本就没有什么实体性的中心，而只是存在着一张由各种信念和愿望编织而成的网，那么，在一个人的人格中存在着这种分裂，也就是可以想象得到的结果了。但是，倘若考虑到对于任何社会伦理来说都会存在的一个最大的问题——也就是类似于我在这一章开始时提出的那个问题——有一点仍然是不够清晰的：罗蒂的观念到底是会使事情对于社会来说变得更容易一些，还是变得更糟糕一些。柏拉图早已看出，隐私性幻想的无限制领域会怎样地导致那种将在一个拥有健全秩序的社会之中制造各种麻烦的人格。虽然柏拉图对于这个问题的解决方案只是为了他自己的目的提出来的，虽然他处理这一问题的那种特定方式并没有涉及到罗蒂关注的那个领域，但从一般性的视角看，柏拉图针对社会伦理

提出的那个问题却在实际上是，或者至少应该是罗蒂必须
加以关注的。就其效果而言，罗蒂的所作所为，似乎只是
以隐喻性的方式给他自己戴上了一只古各斯式的戒指。不
过，这只崭新的古各斯式戒指所产生的后果，却不是柏拉
图以为它将会导致的那种后果。我愿意赞同罗蒂的下述看
法：“在超验性主体——也就是拥有某种社会可以……理解
的本性的‘人’——的消失与人类亲和性的消失之间，并
不存在什么可推论的关联。”[39]换句话说，我并不认为，如果
一个人在整体上分裂自身，并且把个人伦理加以隐私化，
就会导致某种反社会的、制造麻烦的公民类型的发展。我
担忧的问题只是那种漠不关心和无动于衷。如果一个人的
隐私性自我描述是如此的个性化以至于在这种自我描述与
其他人的自我描述之间根本就不存在任何关联，那么，他
也许就会变成一位根本不愿关心公共道德的公民。一方面，
罗蒂是这样来界定公共性的自由主义者的：他们是“一些
认为残暴是人类所做的最坏的事情的人”。[40]但另一方面，罗
蒂又是这样来界定隐私性的反讽主义者的：他们是“一些
认为任何事情通过重新描述都可以变得看起来好一些或坏
一些的人”。这样，在公共生活中，一个人应当关心其他人
遭受的苦难；但是，在隐私性生活中，一个人却可以把其
他人遭受的苦难重新描述为好一些或坏一些。因此，虽然
在超验性主体的丧失与亲和性的丧失之间并不存在什么可
推论的关联，但与此同时，在超验性主体的丧失与亲和性
的获得之间也不存在什么可推论的关联。

许多问题都取决于罗蒂有关道德生活中情感教育的信念。也就是说，在公共生活中，应该存在着足够多的关于其他人遭受的苦难、关于正当地对待其他人的必要性的共同的故事；它们将会为社会的内聚力提供足够强大的动力以维系社会的构造免于消解。或许，这也就是为什么对于罗蒂来说，让诗人在自由社会中成为道德责任的主要承担者是如此重要的原因所在。罗蒂陈述说："（文学和政治）就是我们应该从中寻找自由社会宪章的两大领域。我们需要把自由主义重新描述为这样一种希望——文化能够被'诗化'；而不是把自由主义描述为那种启蒙运动的希望——文化能够被'理性化'或'科学化'。"[41]然而，如果在隐私性生活中，一个人可以讲述某种截然不同的故事，那么，这两个故事之间也许就会势均力敌，相互抵消。不过，我并不认为，我们有理由可以仅仅因为存有某些怀疑就宣判罗蒂有罪。所以，我将以一种肯定性的口吻对罗蒂做出最后的评价，由此结束本书。罗蒂说："爱与正义的终极性政治综合体，可以转而成为由隐私性自恋主义与公共性实用主义编织起来的一幅错综复杂的拼贴画。"[42]"一种后形而上学的文化似乎并不比一种后宗教的文化更不具有可能性；毋宁说，二者是同等地可意欲的。"[43]

注释：

① 理查德·罗蒂：《偶然性、反讽性与亲和性》（剑桥：剑桥大学出版社，1989），第57页。

② 理查德·罗蒂："民主对哲学的优先性"，载《客观性、相对主义与真理——哲学论文集第 1 卷》（剑桥：剑桥大学出版社，1991），第 175 页。

③ 柏拉图：《理想国》，G. M. A. 格鲁布英译本，C. D. C. 里夫修订本（印第安那波利斯：哈考特出版社，1992），第 2 卷，359D-360D。

④ 柏拉图：《理想国》，第 5 卷，473D-E。

⑤ 柏拉图：《理想国》，第 7 卷，518E。

⑥ 托马斯·阿奎那：《神学大全》，第 2 部第 1 卷，问题 91，第 2 款。

⑦ 托马斯·阿奎那：《神学大全》，第 2 部第 1 卷，问题 93，第 3 款。

⑧ 康德：《正义的形而上学因素》，约翰·拉德英译本（印第安那波利斯：鲍勃斯-梅里尔出版社，1965），第 76 页。

⑨ 康德：《正义的形而上学因素》，第 37 页。

⑩ 康德：《正义的形而上学因素》，第 77 页。

⑪ 康德："关于永久和平的哲学简论"，载《永久的和平以及其他论文》，泰德·休姆夫瑞斯英译本（印第安那波利斯：哈考特出版社，1992），第 126 页。

⑫ 理查德·罗蒂："天赋人权、理性与情感"，载《真理与进步——哲学论文集第 3 卷》（剑桥：剑桥大学出版社，1998），第 172 页。

⑬ 理查德·罗蒂："亲和性还是客观性"，载《客观性、相对主义与真理——哲学论文集第 1 卷》，第 21 页。

⑭ 理查德·罗蒂："亲和性还是客观性"，载《客观性、相对主义与真理——哲学论文集第 1 卷》，第 22—24 页。

⑮ 理查德·罗蒂："民主对哲学的优先性"，载《客观性、相对主义与真理——哲学论文集第 1 卷》，第 178 页。

⑯ 理查德·罗蒂："亲和性还是客观性"，载《客观性、相对主义与真理——哲学论文集第 1 卷》，第 34 页。

⑰ 理查德·罗蒂：《偶然性、反讽性与亲和性》，第 44 页。

⑱ 理查德·罗蒂："亲和性还是客观性"，载《客观性、相对主义与真理——哲学论文集第 1 卷》，第 33 页。

⑲ 理查德·罗蒂："亲和性还是客观性"，载《客观性、相对主义与真理——哲学论文集第 1 卷》，第 32 页。

⑳ 理查德·罗蒂："亲和性还是客观性"，载《客观性、相对主义与真理——哲学论文集第 1 卷》，第 30 页。

㉑ 理查德·罗蒂："亲和性还是客观性"，载《客观性、相对主义与真理——哲学论文集第 1 卷》，第 26 页。

㉒ 理查德·罗蒂："论种族中心主义：答克里佛德·基尔兹"，载《客观性、相对主义与真理——哲学论文集第 1 卷》，第 204 页。

㉓ 理查德·罗蒂："论种族中心主义：答克里佛德·基尔兹"，载《客观性、相对主义与真理——哲学论文集第 1 卷》，第 209 页。

㉔ 理查德·罗蒂：《偶然性、反讽性与亲和性》，第 67—68 页。

㉕ 理查德·罗蒂：《偶然性、反讽性与亲和性》，第 57 页。

㉖ 理查德·罗蒂："亲和性还是客观性"，载《客观性、相对主义与真理——哲学论文集第 1 卷》，第 29 页。

㉗ 理查德·罗蒂："论种族中心主义：答克里佛德·基尔兹"，载《客观性、相对主义与真理——哲学论文集第 1 卷》，第 209 页。

㉘ 理查德·罗蒂：《偶然性、反讽性与亲和性》，第 53 页。

㉙ 如果人们关注的是扩展民主制度的问题，那么就总是存在这样一种可能性：非民主的社会将会在自身内部转向民主制度，或

者是跟跟跄跄地碰巧转向民主制度。不过，如果罗蒂关于价值观是怎样在一个社会内部世代传递下去的看法是正确的，我们也就很难凭借利用某种外部资源的途径来使人们相信民主的价值观了。除非罗蒂的看法是错误的——也就是说，只有确实存在着某种类似于普遍人性的东西亦即某种共同的人性，并且是在这种形而上学的层面上诉诸于民主的价值观，才有可能真正引起人们内心的回应性共鸣。

㉚ 理查德·罗蒂："后现代主义的中产阶级自由主义"，载《客观性、相对主义与真理——哲学论文集第 1 卷》，第 200 页。

㉛ 理查德·罗蒂："民主对哲学的优先性"，载《客观性、相对主义与真理——哲学论文集第 1 卷》，第 187 页。

㉜ 理查德·罗蒂：《偶然性、反讽性与亲和性》，第 58—59 页。

㉝ 理查德·罗蒂："亲和性还是客观性"，载《客观性、相对主义与真理——哲学论文集第 1 卷》，第 33 页。

㉞ 理查德·罗蒂："后现代主义的中产阶级自由主义"，载《客观性、相对主义与真理——哲学论文集第 1 卷》，第 201 页。

㉟ 理查德·罗蒂："人权、合理性与感伤性"，载《真理与进步——哲学论文集第 3 卷》，第 185 页。

㊱ 为了防止人们把下面这一点看成是一种自相矛盾——我们在第一章里已经谈到了不应该延续那种为柏拉图加"注脚"的传统，而在这里却又提及一个在柏拉图那里已经发现了的问题——我应该指出的是，对于柏拉图以及那种为他加"注脚"的传统所做的批判，只是意味着拒斥那些从哲学性的视点出发提出的信念和结论。柏拉图作为一位政治理论家提出的那些问题，本来是一些实践性的问题，涉及到一个健全社会的构成要素；因此，这似乎是一场公平的游戏，虽然它很容易招致批评。

㊲ 柏拉图：《理想国》，第2卷，377C。

㊳ 理查德·罗蒂：《偶然性、反讽性与亲和性》，第68页。

㊴ 理查德·罗蒂："方法、社会科学与社会希望"，载《实用主义的后果》（明尼阿波利斯：明尼苏达大学出版社，1982），第207页。

㊵ 理查德·罗蒂：《偶然性、反讽性与亲和性》，第XV页。

㊶ 理查德·罗蒂：《偶然性、反讽性与亲和性》，第53页。

㊷ 理查德·罗蒂："论种族中心主义：答克里佛德·基尔兹"，载《客观性、相对主义与真理——哲学论文集第1卷》，第210页。

㊸ 理查德·罗蒂：《偶然性、反讽性与亲和性》，第XVI页。

参考书目

理查德・罗蒂编：《语言学转向》（Richard Rorty, ed., *The Linguistic Turn*, Chicago: University of Chicago Press, 1967）。

理查德・罗蒂：《哲学与自然之镜》（Richard Rorty, *Philosophy and the Mirror of Nature*, Princeton: Princeton University Press, 1979）。

理查德・罗蒂：《实用主义的后果》（Richard Rorty, *Consequences of Pragmatism*, Minneapolis: University of Minnesota Press, 1982）。

理查德・罗蒂：《偶然性、反讽性与亲和性》（Richard Rorty, *Contingency, Irony, and Solidarity*, Cambridge: Cambridge University Press, 1989）。

理查德・罗蒂：《客观性、相对主义与真理——哲学论文集第 1 卷》（Richard Rorty, *Objectivity, Relativism, and Truth: Philosophical Papers, Volume* 1, Cambridge: Cambridge

University Press, 1991）。

理查德·罗蒂:《论海德格尔和其他人——哲学论文集第 2 卷》（Richard Rorty, *Essays on Heidegger and others: Philosophical Papers, Volume* 2, Cambridge: Cambridge University Press, 1991）。

理查德·罗蒂:《真理与进步——哲学论文集第 3 卷》（Richard Rorty, *Truth and Progress: Philosophical Papers, Volume* 3, Cambridge: Cambridge University Press, 1998）。

理查德·罗蒂:　《成就我们的国家》（Richard Rorty, *Achieving Our Country*, Harvard: Harvard University Press, 1998）。

与罗蒂相关的著作

雷纳·文森特·阿西拉:《为了完善的爱:理查德·罗蒂与人文教育》(Rene Vincent Arcilla, *For the Love of Perfection: Richard Rorty and Liberal Education*, New York: Routledge, 1995)。

埃里克·M.甘德:《最后的概念革命:理查德·罗蒂政治哲学批判》(Eric M.Gander, *The Last Conceptual Revolution: A Critique of Richard Rorty's Political Philosophy*, Albany: State University of New York Press, 1999)。

诺曼·格拉斯:《人类对话中的亲和性——论理查德·罗蒂的无基础的自由主义》(Norman Geras, *Solidarity in the Conversation of Mankind: The Ungroundable Liberalism of Richard Rorty*, London: Verso, 1995)。

大卫·L.霍尔:《理查德·罗蒂:新实用主义的先知和诗人》(David L.Hall, *Richard Rorty: Prophet and Poet of the*

New Pragmatism, Albany: State University of New York Press, 1994)。

康斯坦丁·克伦达:《论罗蒂的人本主义实用主义: 民主化的哲学》(Konstantin Kolenda, *Rorty's Humanistic Pragmatism: Philosophy Democratized*, Tampa: University of South Florida Press, 1990)。

罗纳尔德·奎波斯:《亲和性与陌生人——理查德·罗蒂社会哲学的主题》(Ronald A. Kuipers, *Solidarity and the Stranger: Themes in the Social Philosophy of Richard Rorty*, Lanham, Maryland: University Press of America, 1997)。

本·莱特森:《戴维森的真理理论及其对罗蒂实用主义的意蕴》(Ben H. Leston, *Davidson's Theory of Truth and Its Implications for Rorty's Pragmatism*, New York: Peter Lang, 1997)。

阿兰·马拉科夫斯基 编:《解读罗蒂》(Alan Malakowski, ed., *Reading Rorty*, Oxford: Basil Blackwell, 1990)。

钱塔尔·莫菲 编: 《解构主义与实用主义》(Chantal Mouffe, ed., *Deconstruction and Pragmatism*, London: Routledge, 1996)。

约瑟夫·尼兹尼克和约翰·桑德斯 编:《关于哲学状态的争论: 哈贝马斯、罗蒂与科拉科夫斯基》(Jozef Niznik and John T. Sanders, ed., *Debating the State of Philosophy: Habermas, Rorty and Kolakowski*, Westport, Connecticut: Praeger, 1996)。

普拉多:《实用主义的局限性》(C. G. Prado, *The Limits*

of Pragmatism, Atlantic Highlands, NJ: Humanities Press, 1987）。

戴安娜·罗斯莱德：《友谊的作品——罗蒂及其批评者与亲和性的规划》（Dianne Rothleder, *The Work of Friendship: Rorty, His Critics, and The Project of Solidarity*, Albany: State University of New York Press, 1999）。

赫曼·萨特坎普 编：《罗蒂与实用主义：哲学家对批评者的回应》（Herman J. Saatkamp, ed., *Rorty and Pragmatism: The Philosopher Responds to His Critics*, Nashville: Vanderbilt University Press, 1995）。

安德斯·托兰德：《认识论的相对主义与相对主义的认识论——理查德·罗蒂与有关知识的哲学理论的可能性》（Anders Tolland, *Epistemological Relativism and Relativistic Epistemology: Richard Rorty and the Possibility of a Philosophical Theory of Knowledge*, Goteborg: Acta Universitatis Gothoburgensis, 1991）。

豪斯·凡登：《没有上帝或他的替身：实在主义、相对主义与罗蒂》（House D. Vaden, *Without God or His Doubles: Realism, Relativism and Rorty*, Leiden: E.J. Brill, 1994）。

《最伟大的思想家》

主编：张世英　赵敦华